Découvrez l'histoire par les archives de presse

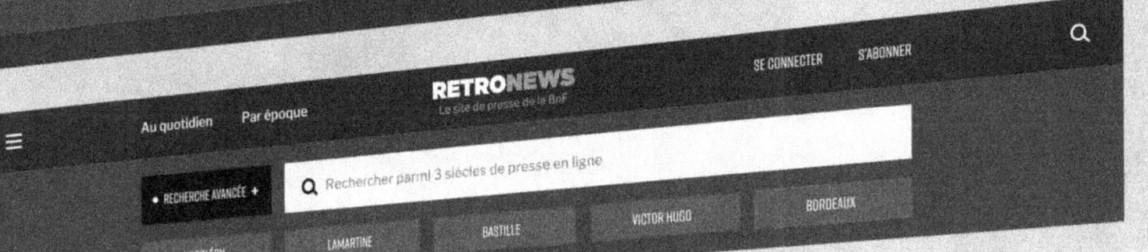

RETRONEWS

Le site de presse de la BnF

www.retronews.fr

LA BIBLIOMANIE

EN 1885

IMPRIMÉ A TROIS CENT CINQUANTE EXEMPLAIRES

Nᵒ

LA BIBLIOMANIE

EN 1885

BIBLIOGRAPHIE RÉTROSPECTIVE

DES

ADJUDICATIONS LES PLUS REMARQUABLES FAITES CETTE ANNÉE

ET DE LA

VALEUR PRIMITIVE DE CES OUVRAGES

PAR

PHILOMNESTE JUNIOR

BORDEAUX

Vᵉ MOQUET, LIBRAIRE

45, RUE PORTE-DIJEAUX, 45

—

1885

AVANT-PROPOS

———

e nouveau volume que nous offrons aux amis des livres, en sollicitant toute leur indulgence, présentera, nous l'espérons, quelque intérêt.

Les grandes ventes anglaises, celles du comte de Sunderland, de William Beckford, du duc d'Hamilton, sont passées, mais d'autres sont venues, et moins importantes au point de vue du nombre des volumes, elles ont provoqué les luttes les plus ardentes qu'on eût encore vues. Les premiers et respectables monuments des origines de la typographie se sont élevés à des prix qu'on était loin de prévoir. C'est pour la première fois qu'on a vu des adjudications de 95,000 et de 125,000 francs.

A Paris, on est resté fort en arrière; toutefois, des ouvrages du siècle dernier atteignant à la chaleur des enchères de 4,000 à 6,000 fr. ne sont pas indignes de mention.

Pendant les quatre ou cinq mois qui constituent ce qu'on nomme la saison, les ventes publiques de livres qualifiés rares et précieux se succèdent rapidement. Il faut forcément faire un choix parmi ces adjudications multipliées; elles attestent cependant qu'en dépit des assertions de quelques pessimistes, le niveau de la bibliomanie ne s'abaisse point. On le sait, la mode, là comme ailleurs, exerce sa toute puissante influence. Tels livres, fort recherchés autrefois, sont délaissés aujourd'hui; d'autres, dont on se souciait fort peu, provoquent aujourd'hui d'ardentes convoitises. Les ouvrages du siècle dernier relatifs aux arts décoratifs, dont on ne s'occupe que depuis peu de temps, se paient des prix très élevés; les volumes ayant appartenu à des souverains, à des princes ou princesses, à des amateurs illustres, tels que de Thou, le comte d'Hoym, Longepierre, etc., continuent d'être disputés avec acharnement.

Voici le plan adopté pour notre petite publication. D'abord, quelques mots relatifs aux bibliophiles dont les collections ont été livrées aux enchères;

ensuite une série d'ouvrages adjugés à plus de 1,000 fr. et l'indication de quelques livres qui, sans atteindre ce prix respectable méritent toutefois une brève mention; puis, un aperçu des principales auctions faites à Londres (il nous a semblé qu'il valait mieux les séparer des ventes faites à Paris); enfin, quelques détails sur des publications récentes offrant un intérêt très vif pour la science des livres.

Nous n'avons nullement la prétention de faire un travail complet. On pourra nous reprocher des lacunes, mais des limites nous étaient tracées et nous avons voulu réunir seulement un ensemble de faits dispersés en maints endroits que les amis des livres accueilleront peut-être avec un indulgent intérêt.

La Bibliomanie

EN 1885

———

I

Signalons d'abord la collection révolutionnaire
(2,082 numéros) formée par M. le comte de
Nadaillac et livrée aux enchères au mois de
janvier par M. A. Chossonnery; elle offrait un
intérêt historique des plus vifs. On y trouvait les
journaux les plus rares et les plus complets de
cette époque agitée, les plus audacieux pamphlets
contre la Cour, une foule de brochures devenues
introuvables. Tous ces documents, contemporains
des évènements, sont les matériaux d'un récit
véritable bien autrement important que de pré-

tendues histoires fantaisistes, dépourvues de toute valeur réelle qui, en flattant des passions passagères, sont parvenues à obtenir un succès qui ne se maintiendra pas.

Avant M. le comte de Nadaillac, un avocat parisien, M. Deschiens, avait formé une très importante collection qui fut achetée par un bibliophile des plus distingués, M. le comte Henri de La Bédoyère. Cette collection, accrue encore par son nouveau possesseur est entrée dans la Bibliothèque nationale; il en a été publié en 1854 un catalogue qui forme un volume de 482 pages.

Un dramaturge fameux en son temps, M. Guilbert de Pixérécourt, avait également formé une collection bien moins considérable, entrée depuis dans la bibliothèque de la Chambre des Pairs, plus tard Sénat de l'Empire et Sénat républicain. Le catalogue, publié en 1838, est accompagné d'une notice due à la plume élégante de Charles Nodier; nous en reproduirons volontiers quelques lignes car enfouie dans un catalogue mis au jour il y a plus d'un demi-siècle, elle est sans doute entièrement oubliée.

« M. Pixérécourt s'était attaché à opposer un étrange contraste aux horreurs révolutionnaires en dévoilant leur côté facétieux et burlesque. Le bonnet rouge devient l'attribut du vaudeville; les grelots de la Folie se mêlent au bruit du couteau de la guillotine. Il y a dans la pensée de cette collection une haute moralité, une

» amère satire; ce sont autant de documents
» critiques pour l'histoire des aberrations de l'esprit
» humain.

» Le théâtre révolutionnaire contient plus de
» 900 pièces; c'est la collection la plus nombreuse
» qui soit connue. M. Viollet-Leduc en avait réuni
» 400 qu'il a vendues au prix de 4,000 fr. à la
» bibliothèque du Louvre (incendiée en mai 1871).

» Les facéties révolutionnaires ont presque toutes
» une odeur de sang; elles sont bien faites pour
» exciter un rire de pitié ou de surprise. On ne
» croira pas que ces atrocités aient été écrites avec
» la prétention d'être plaisantes et spirituelles;
» c'est le nec plus ultra du vertige des passions
» politiques ».

La collection formée par M. D. E. F. Ruggieri,
vendue du 1ᵉʳ au 4 juin par M. Ant. Chossonnery,
offrait une importante réunion spéciale de livres
relatifs aux cérémonies publiques, aux entrées de
rois ou de princes dans diverses villes. Le catalogue
des imprimés contient 694 numéros. Quelques
articles ont été payés des prix élevés; nous les
indiquerons.

Le célèbre artificier de la ville de Paris joignait
à l'amour des livres des connaissances spéciales
fort étendues. Il avait déjà formé une collection du
même genre que celle dont nous parlons qui fut,
il y a une dizaine d'années, l'objet d'une vente
dont le succès est resté dans la mémoire des amateurs. Un écrivain en possession d'une haute

autorité en ce qui concerne la *curiosité* et l'hôtel
Drouot, M. Paul Eudel, a consacré dans le *Figaro*
du 1ᵉʳ juin, un article intéressant à la collection
Ruggieri. Nous en reproduirons quelques passages
qui resteraient noyés dans les colonnes du journal.

« Les Ruggieri se sont adonnés à la pyrotechnie
» de père en fils. Ils l'ont élevée à la hauteur d'une
» science. Claude Ruggieri a publié, en 1812, un
» traité sur l'art d'éclairer, d'incendier, de défendre
» les brèches et d'enfoncer les obstacles, et plus
» tard, en 1821, une étude très complète sur les
» principaux feux d'artifice tirés à Paris depuis
» 1780.....

» Quant au dernier Ruggieri, ce n'était pas un
» entrepreneur vulgaire ; c'était, au contraire, un
» chimiste très savant et fort écouté au ministère
» de la guerre. Il a publié d'intéressantes brochures
» sur la fabrication de la dynamite..... C'était
» encore un dessinateur de talent. Nul ne savait
» aussi bien que lui donner de l'éclat à une fête,
» trouver des combinaisons ingénieuses, des formes
» nouvelles et des effets agréables et pittoresques.
» De tous les points de l'Europe on lui deman-
» dait des « coups de feux » et des décorations
» artistiques..... Bibliophile passionné, il aurait
» fait cent lieues pour enlever à un amateur
» une « Réjouissance » illustrée, un « Mariage »
» solennel, ou un récit de funérailles célèbres. Une
» impérieuse nécessité l'avait forcé à vendre ses
» livres en 1873 ; mais il éprouva une telle douleur

» de cette séparation qu'il reprit ensuite, partout
» où il pouvait les rejoindre, ses enfants dispersés ».

C'est au mois de mai dernier que la maison Labitte a effectué la vente de la bibliothèque de M. G. Chartener, de Metz. Le catalogue de la première partie, la plus importante, contient 978 numéros; en tête, une notice d'un autre bibliophile lorrain, M. E. Meaume, bien connu par de très estimables travaux. Empruntons-lui quelques lignes :

« M. Chartener était le type du véritable biblio-
» phile; il n'était pas de ceux qui achètent des
» livres pour les revendre après quelques années.
» Commencée vers 1840 et continuée sans inter-
» ruption jusqu'à sa mort, sa collection a été
» lentement formée pendant plus de quarante-cinq
» ans. Libre de son temps, il voyageait, cherchait
» et trouvait souvent. Il était très difficile; les
» livres courts de marge lui étaient odieux.

» Il donnait tous ses soins à l'extérieur de ses
» livres lorsqu'il les faisait relier; il fournissait à
» l'artiste choisi par lui les indications les plus
» minutieuses; Bauzonnet et Trautz acceptaient
» ses conseils et s'y conformaient; sa *méticulosité*
» se montre tout entière dans les lettres qu'il
» adressait à ces illustres relieurs.

» M. Chartener avait été quelque peu dérouté
» par les folies faites dans ces dernières années;
» les siennes étaient rares, car il n'était disposé à
» en faire que pour ses collections spéciales;
» néanmoins sans suivre la grande exagération des

» prix, il achetait toujours, parodiant à chaque
» acquisition ce vers célèbre, il répétait :

« *Vivre sans acheter, est-ce contentement ?* »

M. Chartener réunissait avec bonheur les livres
ayant appartenu à des rois, à des princes, à des
bibliophiles illustres tels que le président de Thou,
le comte d'Hoym, le duc de La Vallière, Charles
Nodier, Pixérécourt, etc. Ses prédilections se
portaient aussi vers des exemplaires imprimés sur
peau vélin. Nous en avons compté vingt-huit,
sans parler de deux de ces copies figurées exécutées
par l'habile calligraphe Fyot, cher au libraire-anti-
quaire Chardin et à M. de Soleinne (1). Il va sans
dire que les impressions lorraines du xve au
xviie siècle formaient une réunion des plus
précieuses.

Ce qui doit surtout placer le catalogue Chartener
parmi ceux que garde avec soin un ami éclairé des
livres, c'est qu'il renferme un grand nombre de
notes parfois d'une étendue assez considérable,
toujours instructives. Indiquons, entre autres, les
numéros 22-24 relatifs à des *Heures*, 105, 135,
265 et 266 (les *Heures de Nostre-Dame*, par P.
Gringoire,) 375 (édition tabarinique inconnue), etc.

Les ventes d'un amateur (M. Richard Lyon) et
de M. Le Barbier de Tinan dirigées l'une et

(1) Nodier avance non sans quelque exagération que ce calligraphe
« avait fait la fortune des libraires sans faire la sienne ; il est mort de
» faim sur une poignée de paille ».

l'autre au mois de mars par M. Porquet, figurent parmi les plus importantes de l'année. Nous signalons en détail les principaux articles que se sont disputés de fervents bibliophiles.

Le catalogue des livres de M. Lonch... de B. rédigé par M. J. Le Petit (vente en mai 1885) se composait de trois parties contenant 777 numéros. La seconde (322-515) se compose de livres armoriés; spécialité qui était surtout l'objet des recherches de M. Lonch... de B (1). Presque tous les livres enregistrés sont modernes mais en très bonne condition.

Au mois de mars a eu lieu (veuve Labitte) la vente de M. Perreau, de Dijon. Le catalogue (778 numéros) comprenant de nombreux ouvrages anciens et modernes en belle condition, se recommande aux bibliographes par des notes instructives. Voir n° 17, 24 (le *Coustumier de Normandie*, s. l. n. d. édition inconnue à Brunet et à M. Frère, etc).

La vente des livres du laborieux écrivain qui s'est acquis une brillante notoriété sous le nom du bibliophile Jacob n'a pas offert d'enchères dignes de mention. M. Paul Lacroix ne recherchait que les livres dont il faisait usage pour ses travaux; il avait réuni un grand nombre de catalogues de vente; il s'était occupé de rassembler des romans de la fin du xviiie siècle et du commencement du

(1). Parmi bien des noms peu connus, nous rencontrons Henri III, Mme de Maintenon, la comtesse de Verrue, Longepierre, le comte d'Hoym, etc.

xixe; il y voyait des témoignages des mœurs et du mouvement des esprits à ces époques agitées, mais dans tout ceci il n'y avait rien de digne de l'épithète de précieux.

Une vente de livres annoncés comme provenant du château de la Guillerie offrait quelques ouvrages intéressants. Nous citerons le *Recueil de Costumes* publié par Duflos, 1779, in-fol., 250 fr.; l'*Histoire du pays de Forez*, par de La Mure. Lyon, 1674, in-4°, 145 fr. La traduction française de l'*Histoire naturelle de la Bible* de Surenhusius, 1732-36, 8 vol., a été donnée à 78 francs.

II·

LIVRES ADJUGÉS A MILLE FRANCS

ET AU-DELA

ALMANACH iconologique; fig. de Gravelot.
1764-1781, 15 vol. in-18, maroq. rel. ancienne.
1000 fr. Le Barbier de Tinan.

ANNALES du règne de Marie Thérèse. 1775,
in-4, grand papier, aux armes de la comtesse d'Ar-
tois. 1600 fr. Le Barbier de Tinan.

ARIOSTE. Orlando furioso. Birmingham, Bas-
kerville, 1773, 4 vol. grand papier, rel. ancienne.
3920 fr. Richard Lyon.

> Baskerville, un des plus habiles imprimeurs qu'ait produits la
> Grande Bretagne, retira de ses labeurs plus de gloire que de profit.
> Il ne publia rien pendant les dix dernières années de sa vie. Il
> professait des opinions radicales fort peu répandues encore en
> Angleterre vers la fin du XVIIIe siècle. Voir Henry Curwen, *His-
> tory of Booksellers*, 1876, p. 476. On sait que Beaumarchais acheta
> les caractères de Baskerville et les transporta dans l'imprimerie
> qu'il avait établie à Kehl.

BERQUIN. Idylles et Romances. 1775-76, 2 vol.

in-18, grand papier de Hollande, maroq. rel. ancienne. 1120 fr. Le Barbier de Tinan.

A la vente Behague, un bel exemplaire fut payé 2000 fr. 2 frontispices et 36 jolies figures de Marillier expliquent des prix aussi élevés, exagérés peut-être.

BOCCACE. Décaméron. Londres, 1757-61, 5 vol. in-8, mar. de Derome. 5000 fr. Richard Lyon.

Très bel exemplaire. Les figures d'après Gravelot mettent cette édition au premier rang des ouvrages illustrés du XVIIIe siècle.

BON (le) GENRE. Paris, 1827, in-fol. 1200 fr.

Recueil de 100 gravures coloriées d'un dessin spirituel, fort intéressant pour les costumes et les usages de l'époque.

BOSSUET. Discours sur l'histoire universelle. 1681, in-4, grand papier (édition originale); armes d'Harlay de Chanvallon, archevêque de Paris. 1250 fr. Richard Lyon.

CHEVIGNÉ (Comte de). Les Contes Rémois. Paris 1858; un des 40 exemplaires en grand papier de Hollande, figures sur chine, reliure de Cuzin. 1000 fr. Le Barbier de Tinan.

CORNEILLE (Pierre). Théâtre. 12 vol. in-8, mar. rel. ancienne. 1305 fr. Richard Lyon.

CORNEILLE. Œuvres. *Paris, Renouard*, 1817, 12 vol. in-8, grand papier vélin, figures. avant la lettre ajoutées. 1220 fr. Chartener.

DESCRIPTION générale et particulière de la France. *Paris*, 1781-1796, 12 vol. in-fol. exemplaire avec les épreuves avant toute lettre. 1040 fr. Comte de la Béraudière.

DISCOURS en forme de dialogue, ou histoire des différends entre Luther et Calvin. *Paris*, 1570, in-8. Exemplaire aux armes de Louis XIII et d'Anne d'Autriche. 2010 fr. Chartener.

DORAT. Les Baisers. Paris, 1770, in-8. Exemplaire de premier tirage et en papier de Hollande, maroq. rel. ancienne. 2000 fr. Richard Lyon. — A la vente Le Barbier de Tinan, un autre exemplaire en papier de Hollande, rel. de Trautz-Bauzonnet. 1500 fr.

DORAT. Fables. 1772, pap. de Hollande, premier tirage, rel. anc. 2000 fr. Richard Lyon. — Un autre exemplaire relié en 2 vol. par Cuzin, grand papier de Hollande, figures de premier état, pièces ajoutées. 6100 fr. Lebarbier de Tinan.

> « S'il est très bien de ne pas vouloir de vingt éternels volumes de
> » Dorat, on peut cependant ne pas donner à ses ouvrages une
> » exclusion absolue. Les *Fables*, les *Baisers*, la tragédie de *Régulus*,
> » la jolie comédie la *Feinte par amour*, forment une réunion qui
> » n'est pas déplacée dans une bibliothèque consacrée surtout à la
> » littérature française. On peut vouloir de temps en temps lire
> quelques pages de ces trop jolis vers et sinon lire les Fables de
> » Dorat, du moins s'amuser à en parcourir les élégantes vignettes.
> » De nombreux catalogues indiquent des volumes de Dorat comme
> » tirés sur papier de Hollande qu'on a confondu avec le grand
> » papier d'Auvergne. Les petites estampes si soignées, si mignar-
> » dement élégantes ont, dans la plupart des exemplaires, le défaut
> » d'être fort mal imprimées, ce qui lui ôte presque tout leur agré-
> » ment » (Renouard). Cet amateur possédait (voir son catalogue,
> tom. III, p. 42) un exemplaire des *Fables* avec la plupart des eaux-
> fortes et les dessins originaux « formant la plus agréable et la plus
> » variée des productions du spirituel et trop souvent incorrect
> » Marillier ». Cet exemplaire fut adjugé en 1852 à 1400 fr., prix
> qui parut alors élevé, et qui serait, sans doute, fort dépassé
> aujourd'hui.

DUBUISSON. Armorial des principales familles du royaume. 1757, 2 vol. in-12, maroq.; exemplaire de la reine Marie Leczinska. 1600 fr. Richard Lyon.

FLÉCHIER. Histoire du cardinal Ximenez. 1693, in-4, grand papier, aux armes de Bossuet. 1930 fr. Richard Lyon.

FÉNELON. Les Avantures de Télémaque. Amsterdam, 1734, in-4. Exemplaire de format in-fol. aux armes du président Bernard de Rieux, rel. de Padeloup. 1010 fr. Comte de La Beraudière.

FLORIAN. Galatée. 1784, in-13. Exemplaire contenant cinq dessins originaux de Lebarbier. 1200 fr. Richard Lyon.

FOE (de). Robinson Crusoé. *Leyde*, 1734, 4 vol. in-12, mar. Derome. 1130 fr. Richard Lyon.

> Exemplaire du marquis de Ganay. Les bibliographes français ne donnent que des renseignements incomplets au sujet de ce roman célèbre dont la première édition est de 1710. Il a été traduit en une foule de langues, notamment en arabe; il en existe même deux traductions latines, l'une par un français, Goffaux, l'autre par un anglais, Néromire. Consulter *The Book-lore*, journal bibliographique mensuel, London, January, 1885, p. 55; voir au sujet des écrits très nombreux de de Foë, Lowndes, *Bibliographer's Manual*, p. 612-622.

FONTENELLE. Œuvres. *La Haye*, 1728, 3 vol. in-fol. mar. armes de Madame de Pompadour. 1030 fr. Richard Lyon.

GERMAIN (Pierre). Éléments d'orfévrerie. Paris, 1748, 2 part. in-4 (Cuzin). 1190 fr. Richard Lyon.

> Cet ouvrage et quelques autres du même genre étaient fort négligés il y a vingt-cinq ans environ. *Le Manuel du Libraire* les passe sous silence.

HISTOIRE de Gérard de Nevers. *Paris, Didot*, 1792, in-18, avec les quatre dessins originaux de Moreau. 1630 fr. Richard Lyon.

LA BORDE. Chansons. 1773, 4 tom. en 2 vol. in-8, mar. Derome. 5600 fr. Richard Lyon. — Un autre ex. non rog. 1300 fr. Comte de La Beraudière.

LA FONTAINE. Fables. *Paris*, 1755, 4 vol. in-fol. fig. d'Oudry; exemplaire en grand papier de Hollande. 3000 fr. Richard Lyon.

LA FONTAINE. Contes. 1762, 2 vol. in-8. Très bel exemplaire. 4645 fr. Richard Lyon. — Un autre exemplaire en reliure ancienne. 2110 fr. Lebarbier de Tinan.

LALONDÉ. Œuvres, contenant un grand nombre de dessins pour la décoration des appartements. *Paris*, s. d. 2 vol. in-fol. 2425 fr. Richard Lyon.

LA ROCHEFOUCAULD. Maximes. *Paris*, 1778, mar. Derome. 2010 fr. Richard Lyon.

Magnifique exemplaire aux armes d'Anisson du Perron. En 1795, eut lieu la vente de cette bibliothèque fort bien choisie, et ce même exemplaire fut adjugé à 20,500 fr. en assignats.

LONGUS. Daphnis et Chloé. *Paris*, 1718, premières épreuves des figures, maroq. Padeloup. 1455 fr. Richard Lyon. — Un autre exemplaire aux armes de François de Montmorency, duc de Luxembourg. 1120 fr. Lebarbier de Tinan.

Nodier (*Mélanges tirés d'une petite bibliothèque*, p. 112) a consacré une notice à cette édition dite du Régent; il en signale quatre états différents. Ce prince voulait en faire un livre rare, mais on sait « comment les grands seigneurs exécutent les ordres des princes

» et comment les imprimeurs se conforment aux instructions des
» grands seigneurs qui font imprimer ». Le Longus de 1718 est
donc assez commun. A la vente de Cangé, il s'en trouva 52 exemplaires en feuilles qui avaient été oubliés dans le garde-meuble de
la couronne. Le catalogue Renouard présente (tom. III, p. 181-191)
une réunion intéressante de ce roman en diverses langues.

MARAT. Un recueil d'écrits politiques de ce
trop fameux personnage formant 12 vol. a fait
partie de la vente Nadaillac. Il avait été formé par
Marat lui-même dans le but de servir à une édition
nouvelle de ses écrits, et il portait un grand nombre d'additions et de corrections autographes. De
longs détails que, faute d'espace, nous ne pouvons
reproduire ici se trouvent dans le catalogue; voir
aussi le *Livre*, février 1885, p. 87-91. Ce recueil
précieux a été acquis au prix de 2450 fr. pour
le compte d'un amateur étranger.

MARGUERITE DE VALOIS. Contes et nouvelles. *Amsterdam*, 1698, 2 vol. pet. in-8, mar.
Derome. 1080 fr. Richard Lyon.

MARIVAUX. Œuvres. *Paris*, 1775, 12 vol. in-8,
grand papier de Hollande, mar. Derome. 1350 fr.
Richard Lyon.

MAROT (Clément). Œuvres. *La Haye*, 1700,
2 vol. pet. in-12, mar. Padeloup. 2600 fr. Richard
Lyon.

MÉMOIRES de M. L. D. D. R. (de la Rochefoucauld). *Cologne* (Hollande), 1670, rel. de Du Seuil.
1675 fr. Chartener.

MEUSNIER DE QUERLON. Les Grâces. *Paris*, 1765, in-8, maroq. rel. de Trautz-Bauzonnet. 1325 fr. Lebarbier de Tinan.

> D'après Renouard, ce volume et ces images sont un triste monu-
> ment élevé aux Grâces. Un volume portant ce titre devrait être un
> chef-d'œuvre.

MOLIÈRE. Œuvres. *Paris*, 1739, 8 vol. in-12. Exemplaire en papier fort, maroq. Derome. 3200 fr. Richard Lyon.

MONTFAUCON. L'Antiquité expliquée. 1719-24. — Les Monuments de la monarchie française. 1729-1733, 20 vol. in-fol. mar. 1320 fr. Lonch de B.

OPPENORD. Œuvres, contenant divers fragments d'architecture. *Paris*, s. d. in-fol. 1660 fr. Richard Lyon.

OVIDE. Métamorphoses. *Paris*, 1767-1771, 4 vol. in-4, rel. de Derome dite à l'oiseau. 2050 fr. Richard Lyon. — Un autre exemplaire, reliure ancienne. 1450 fr. Lebarbier de Tinan.

> La faveur dont jouissent les livres *illustrés* du XVIIIe siècle
> explique ces prix élevés. D'après Renouard (*Catalogue d'un
> amateur*, II, 274), cette publication sent trop la petite estampe ;
> elle tient beaucoup trop de la manière qui, à cette époque,
> gâtait la plupart des livres.

PARAPHRASE en forme de prières sur les Psaumes de David. 1734, in-8. Exemplaire signalé comme unique de ce volume imprimé pour l'usage personnel de Madame de Brue ; riche rel. de Padeloup. 1205 fr. Lebarbier de Tinan.

PASCAL. Les Provinciales. *Cologne* (Hollande), 1684, in-8. Exemplaire du comte d'Hoym. 2500 fr. Lebarbier de Tinan.

PASTISSIER (le) François. *Amsterdam*, *Elzevier*, 1653, in-12, maroq. (Trautz-Bauzonnet). 915 fr. Chartener.

> Prix bien inférieur à ceux qu'a obtenus parfois cet insignifiant volume dont la rareté a été exagérée. Voir les détails étendus dans lesquels entre M. Willems dans *Les Elzeviers*, Bruxelles, 1880.

PERRAULT. Les Hommes illustres de la France. 1693, in-fol. mar. 2730 fr. Lebarbier de Tinan.

PLATONIS. Opera. *Genevæ*, 1592, 3 vol. in-16, rel. ancienne. 1005 fr. Lebarbier de Tinan.

PLUTARQUE. Œuvres morales. *Paris*, 1574, 7 vol. in-8. Exemplaire de Charles IX. 2030 fr. Richard Lyon.

PREVOST. Manon Lescaut. *Amsterdam* (Paris), 1753, 2 vol. in-12, grand papier de Hollande, maroq. (Trautz). 1620 fr. Richard Lyon.

RABELAIS. Œuvres. *Amsterdam*, 1741, 3 vol. in-4, grand papier, rel. de Padeloup. 6450 fr. Richard Lyon. — Un exemplaire de l'édition elzévirienne de 1663 a été payé 755 fr. Lebarbier de Tinan.

RACINE. Œuvres. *Paris*, 1778, 7 vol. in-8, mar. Derome le jeune. 1120 fr. Richard Lyon.

RECUEIL de ballets représentés à la Cour depuis 1593 jusqu'à 1670. 7 vol. in-4. 1210 fr.

Richard Lyon. Provenant de la bibliothèque Soleinne et acquis par celle de la ville de Paris.

> Ces ballets sont des plus curieux pour l'histoire des mœurs de l'époque et du théâtre. Il en a été publié par les soins de M. Paul Lacroix une collection fort curieuse. Bruxelles, Gay, 1866, 6 vol. in-18.

REPRÉSENTATIONS de la cavalcade et des réjouissances qui eurent lieu à Bologne le 24 mars 1530 à l'occasion du couronnement de Charles V comme empereur des Romains par le pape Clément VII, par T. N. Hogenberg. *Anvers*, s. d. in-fol. 48 planches et 2 tableaux. 3150 fr. Ruggieri.

> Exemplaire sur vélin, le seul connu ; voir la note du catalogue nº 347. Cette publication des plus intéressantes pour le costume et les portraits des personnes, a été l'objet de trois reproductions devenues fort rares.

RETZ (cardinal de). Mémoires. 1731 (avec ceux de Guy Joly et de la duchesse de Nemours), 7 vol. in-12, mar. Derome. 2130 fr. Richard Lyon.

SAINT-PIERRE (Bernardin de). Paul et Virginie. *Paris, Didot*, 1789. Edition originale, grand papier vélin, maroq. de Trautz-Bauzonnet. 2990 fr. Lebarbier de Tinan.

SCARRON. Le Roman comique. *Paris*, an IV, 3 vol. in-8, grand papier vélin, maroq. (Cuzin). 1300 fr. Richard Lyon.

SECONDE suite d'estampes pour servir à l'histoire du costume. 1776, in-8, fig. de Moreau, maroq. (Thibaron). 1105 fr. Lebarbier de Tinan.

SÉVIGNÉ (Madame de). Lettres. 1774-75, 9 vol. in-12. Exemplaire aux armes de la famille de Sévigné avec le nom de Grignan sur les plats. 1100 fr. Richard Lyon.

SULLY. Mémoires. 1753, 8 vol. in-12, mar.; armes de Louis XV. 3610 fr. Richard Lyon.

Il faut observer que les diverses éditions de ces Mémoires offrent un texte qui diffère souvent d'une façon sensible de celui que présente l'impression en 2 vol. in-fol. que Sully fit faire sous ses yeux dans son château et qui porte la rubrique d'*Amstelredam.*

III

ADJUDICATIONS DIVERSES

Après avoir signalé les livres qui ont été adjugés
au-delà de 1000 francs, il nous paraît qu'il y a
quelque intérêt à mentionner quelques beaux volumes qui, sans atteindre ce prix respectable, ont
toutefois été payés assez cher.

VENTE RICHARD LYON

MISSALE romanum. *Paris*, 1576, in-folio, reliure attribuée à l'un des Eve. 576 francs. —
SERMONS de Bourdaloue. *Paris*, 1716-1718,
16 vol. in-8, aux armes de Mme de Pompadour.
700 fr. — CRINITUS. De honesta disciplina. *Lugduni*, 1585, insignes de Marguerite de Valois.
550 fr. — ANACRÉON. *Paris*, 1773, in-8, rel.
anc. 625 fr.; un autre exemplaire, 965 fr. Lebarbier de Tinan. — BOILEAU. Œuvres. *Amster-*

dam, 1718, 2 vol. in-fol. 900 fr. — NOUVELLE défense de la traduction du Nouveau Testament par Arnauld. *Cologne* (Hollande), 1680, 2 vol. in-8, aux armes de la duchesse de Lesdiguières. 575 fr. — SACRE (le) de Louis XV (1732), mar. aux armes de France. 655 fr. — BÉRAIN. Ornements. (sans date) in-fol. 650 fr. — CUVILLIÉS. Morceaux de caprices à divers usages (sans date), in-fol. 800 fr. — VECELLIO. Corona delle nobili donne. *Venetia*, 1596-1597 (recueil de dessins de broderies), mar. de Trautz. 800 fr. — VIRGILIO. L'Eneide. *Parigi*, 1760, 2 vol. in-8, 34 dessins originaux de Zocchi. 495 fr. — HORATIUS. *Elzevier*, 1628, mar. Padeloup. 485 fr. — RECUEIL dès plus belles pièces des poètes françois. 1692, 5 vol. in-12, mar. aux armes de la comtesse de Verrue. 610 fr. — DU BELLAY. Œuvres. 1569, in-8, belle reliure ancienne. 600 fr. — GRÉCOURT. Œuvres. 1764, 4 vol. in-12, mar. 520 fr. — RONSARD. Les quatre premiers livres de la Franciade. 1572, in-4, belle reliure exécutée par l'un des Eve. 600 fr. — VOLTAIRE. La Henriade. *Paris*, 1770, 2 vol. in-8, mar. Padeloup. 555 fr.; un autre exemplaire, riche reliure de Cuzin. 750 fr. — LA HARPE. Tangu et Félime. 1780, in-8. 645 fr. (Prix qu'expliquent quatre dessins de Marillier joints à ce volume). — RECUEIL des meilleurs contes en vers. 1778, 4 vol. in-18, mar. 645 fr. — PIIS. Chansons. 1785, in-12. 590 fr. (Un de ces livres illustrés qu'on paye souvent des prix excessifs). — BOIARDO. Orlando innamorato. *Venetia*, 1545, in-4, mar. Derome. 850 fr. — ARIOSTE. Orlando furioso. *Venetia*, 1562, in-4, riche reliure du temps. 840 fr. — TERENCE. 1717, 3 vol. grand papier, mar. 630 fr. — REGNARD. Œuvres. 1790, 6 vol. in-8, mar. 670 fr. — CRÉBILLON. Œuvres. 1785, 2 vol. in-8, mar. Derome. 620 fr. — HISTOIRE du petit Jehan de Saintré. 1791, in-18, mar. quatre dessins de Moreau ajoutés. 710 fr. — MONTESQUIEU. Le Temple de Gnide. An III, in-18, mar. figures ajoutées. 710 fr. — FLORIAN. Numa Pompilius. 1786, 2 vol. in-18, mar. avec douze dessins de Queverdo. 710 fr. — VOLTAIRE. Romans et Contes. *Bouillon*, 1778, 3 vol. in-8. 815 fr. — RESTIF DE LA BRETONNE. Les Contemporaines. 1782-1785, 42 tom. in-12, mar. (Chambolle). 955 fr. — BELLEGARDE. Eloge historique du Roy. 1714, in-12, mar. aux armes de Mme de Maintenon. 510 fr. — ALMANACH royal. 1780, in-8, mar. exemplaire de Marie-Antoinette. 605 fr. — LIVRE des statuts de l'ordre du Saint-Esprit. 1578, in-4, exemplaire ayant appartenu à Henri III. 820 fr. — SUITE d'estampes gravées par la marquise de Pompadour. (vers 1755), in-4, mar. riche reliure. 560 fr.

VENTE LEBARBIER DE TINAN

HORÆ beatæ Mariæ Virginis. *Paris, Hardouyn*, 1527, exemplaire sur vélin. 525 fr. — MONTES-

QUIEU. Le Temple de Gnide. *Paris*, 1773, in-8, papier de Hollande. 675 fr. — LE COCHON mitré. (Hollande, vers 1689), in-12. 605 fr. Exemplaire de Méon, de Pixérécourt, de Nodier, et du marquis de Ganay (voir au sujet de ce virulent libelle, Du Roure, *Analecta Biblion*, tome II).

Cette vente a présenté de beaux exemplaires de livres modernes appartenant en partie à l'école romantique. On a payé les *Odes* de Victor Hugo, 1825, édition originale, reliure de Cuzin, 325 fr.; les *Paroles d'un croyant* de Lamennais, 1835, reliure de Trautz-Bauzonnet. 380 fr.; la *Chronique de Charles* IX, par Mérimée, édition originale, reliure de Cuzin, 145 fr.

VENTE NADAILLAC

A la vente Nadaillac, on a payé assez cher quelques écrits de l'époque révolutionnaire, tristes témoignages des fureurs du temps.

ESSAI historique sur la vie de Marie-Antoinette. *Londres*, 1789. 60 fr. — CATHERINE de Médicis au cabinet de Marie-Antoinette. 1789. 45 fr. — L'AUTRICHIENNE en goguette. 1789, violent libelle de 16 pages. 83 fr. — PETITE histoire d'une grande dame (la duchesse de Polignac). 45 fr. — LA MESSALINE française. 1789. 160 fr.!

Mentionnons les prix qu'ont obtenus divers journaux. — LES ACTES des Apôtres. 1789-91.

25o fr. — L'AMI du Roi, par Montjoye, 15oo n{os}.
208 fr. — BULLETIN de la Convention. 1792-
1795. 245 fr. — JOURNAL de la Montagne. 1792-
95. 3o7 fr. — JOURNAL de la haute-cour de
justice siégeant à Vendôme. An IV-an V (procès de
Gracchus Babœuf). Exemplaire indiqué comme le
seul complet, 73 n{os}. 190 fr. — LE LOGOGRA-
PHE. 1791-1792 (journal royaliste d'une véritable
importance historique). 456 fr. — LE PATRIOTE
françois, par Brissot. 1789-1793, 1386 n{os}. 150 fr.
— UN RECUEIL de 1700 caricatures publiées
pendant la guerre de 1870, le siège et la Commune.
8o5 fr. — LISTE générale des émigrés. *Paris*, an II.
3 vol. in-fol. 215 fr. — BULLETIN du tribunal
criminel établi pour juger les conspirateurs. An I et
an II, 3 vol. 3go fr. — MERCIER. Tableau de
Paris. 1783, 12 vol. in-8. 2o5 fr. — GILLRAY.
Works, in-fol. 38o fr.

En fait d'ouvrages étrangers à la collection révolutionnaire: RESTIF DE LA BRETONNE. Les
Nuits de Paris. 1788-1794, 15 parties en 8 vol.
in-12, mar. 325 fr.; L'Année des Dames nationales.
1791-1794, 12 vol. rel. de Hardy. 150 fr.; Le
Palais Royal. 1792, 3 vol. in-12. 228 fr. (Un des
plus curieux ouvrages de Restif; il a été réimprimé
à Bruxelles). — BEAUMARCHAIS. Théâtre. *Paris,
Jouaust*, 1869-1874, 4 vol. in-8, un des deux exemplaires sur vélin. 299 fr. — ALMANACH de tous
les spectacles de Paris et de la France. 1752-1791,
42 vol. in-24. 272 fr.

VENTE RUGGIERI

Nous avons distingué à la vente Ruggieri : EURE nouuelle translatee de italienne rime en rime françoise contenant l'aduenement du roy Louis XII à Milan, in-8, 8 feuillets, mar. Trautz-Bauzonnet. 591 fr. —SOMPTUEUSE et magnifique entrée du très chrétien roy Henry III en la cité de Mentoue avec les portraits des choses les plus exquises par B. D. Vig. (Blaise de Vigenère). *Paris, N. Chesneau,* 1576, in-4, 48 pages, 8 planches gravées, maroq. 561 fr. Les dessins de ces huit planches sont attribuées par M. A. F. Didot à des élèves de l'école du Primatice et la gravure à J. Rabel.

VENTE LA BÉRAUDIÈRE

La vente du comte de la Béraudière, effectuée par les soins de M. Porquet les 18 et 19 mai, n'a offert qu'un bien petit nombre d'articles ayant dépassé 1000 fr. (nous les avons mentionnés plus loin). Diverses adjudications ont attesté le goût toujours très vif pour les livres illustrés du xviiie siècle.

BILLARDON DE SAUVIGNY. Les Après-soupers de la Société. 1784, 6 vol. in-24. 260 fr. — MONTESQUIEU. Le Temple de Gnide. 1772, aux armes du comte du Barry. 360 fr. —MOLIÈRE. Œuvres. 1734, 6 vol. in-4. 900 fr. — DEMOUSTIERS. Lettres à Emilie. 1809, fig. avant la lettre et eaux-fortes. 5o5 fr. — Dans un autre genre, nous observons : PINARD. Chronologie militaire. 1760-1778, 8 vol. in-4. 700 fr. — BRANTOME. Œuvres. 1740, 15 vol. in-12. 260 fr. — LESCARBOT. Histoire de la Nouvelle France, 1609, incomplet d'une carte. 160 fr.

VENTE A. DE LATOUR

C'est au mois de mai que M. Durel a mis en vente la bibliothèque de M. Antoine de Latour, poète qui s'est surtout fait connaître par une traduction des *Prigioni* de Silvio Pellico. Il n'y avait point là de livres véritablement précieux : des ouvrages de poètes, la plupart contemporains, avec envois d'auteur, ont été peu disputés. Il faut toutefois faire exception à l'égard de Victor Hugo. Un volume contenant trois opuscules datés de 1819 et de 1820, s'est élevé à 5o6 fr. L'édition originale de *Marion Delorme*, envoi d'auteur. 426 fr.; celle des *Burgraves*, 35 fr. seulement. Le recueil recherché aujourd'hui des *Chants et chansons populaires de la France*. Paris, Delloye, 1843-44, 3 vol. in-4. 319 fr.; exemplaire avec les couvertures, circonstance à laquelle les amateurs attachent un grand prix pour les livres de ce genre. — GUÉRIN (Eugénie de). Reliquiæ. *Caen*, 1855, papier de Hollande. 119 fr. — BERTRAND (Louis). Gaspard de la Nuit. 1842, exemplaire avec le billet de sortie de l'auteur de l'hôpital Saint-Antoine et un sonnet adressé à la reine Marie-Amélie. 245 fr. — NODIER. Journal de l'expédition des Portes de Fer. 1844, in-fol. 599 fr. (ouvrage publié à l'imprimerie alors royale), récit d'une des campagnes du duc d'Orléans en Algérie.

VENTE CHARTENER

Nous avons relevé divers articles de la vente Chartener : OFFICE de la Vierge Marie. *Paris*, 1586, exemplaire de Henri III. 895 fr. — BOSSUET. Réfutation du catéchisme du sieur Paul Ferry. 1655, in-4, mar. Trautz-Bauzonnet. 515 fr. (c'est le premier ouvrage de Bossuet). — PRONOSTICATION nouvelle pour l'an Mil C cent calculée au vray midy de la noble cité de Metz, exemplaire joint à deux autres opuscules du même genre pour l'an 1512 et 1513, 400 fr. — CONTREDITZ de Songecreux (par P. Gringoire). *Paris*, 1530, in-8. 800 fr.

Le 19 décembre, M. Durel a livré aux enchères une bibliothèque peu considérable, mais bien choisie. Ces livres n'offraient d'ailleurs rien d'extraordinaire et ils ont été vendus à des prix qui sont restés médiocres. Nous citerons seulement les *Essais de fables nouvelles*, 1786, in-12, exemplaire sur vélin, 136 fr. Ce livre offre une particularité singulière : Didot père imprima avec des caractères fondus par un de ses fils, ces vers composés par un autre de ses enfants.

Il est bien rare qu'une collection appartenant à un habitant de la province et livrée aux enchères loin de Paris, soit digne de quelque attention. Mentionnons toutefois la vente de livres de M. Gabriel Badillé qui a eu lieu à Fontenay-le-Comte au mois de janvier. Les *Baisers* de Dorat, grand papier, premier tirage, 525 fr.; les *Sens*, par Du Rozoy, vignettes en doubles épreuves, 250 fr. (1).

(1) Les illustrations d'Eisen et de Wille donnent seules du prix à ce poëme. Le *Guide* Cohen évalue les beaux exemplaires de 50 à 100 fr.

IV

VENTES FAITES A LONDRES

C'est au mois de décembre 1884 qu'a eu lieu, du 12 au 20, la vente publique des livres composant la bibliothèque du château de Syston-Park. Elle restera des plus fameuses dans les fastes de la bibliomanie. Cette bibliothèque avait été formée, il y a de longues années, par un riche amateur sir John Hayford Thorold, né en 1773, mort en 1831. Ses héritiers conservèrent pendant plus d'un demi-siècle ces trésors qu'ils se sont enfin décidés à livrer aux chances des enchères; ces chances ne leur ont pas été défavorables; cette vente a produit, 28,000 liv. st. 15 sh. (707,045 fr.).

Le catalogue, soigneusement rédigé par MM. Sotheby et Wilkinson, contient 2110 numéros. Deux productions célèbres de la typographie à ses débuts y brillent d'un éclat tout exceptionnel.

Signalons d'abord le PSALMORUM CODEX. *Moguntiæ, J. Fust et P. Schoyffer*, 1459, bel exemplaire sur vélin. C'est le second livre imprimé avec date; il est à peu près aussi rare que le *Psalterium* de 1457 dont on ne connaît que huit exemplaires, tandis qu'on signale dix exemplaires de celui de 1459, tous sur vélin. L'exemplaire Thorold, après une lutte des plus acharnées, a été adjugé au prix de 4950 l. st. (125,010 fr.), à un libraire de Londres, M. Bernard Quaritch. C'est le prix le plus élevé qu'ait jamais obtenu un volume isolé; on s'attendait à voir ce vénérable monument typographique payé 2000 à 3000 l. st. M. Ellis, libraire à Londres, a combattu M. Quaritch avec ténacité, mais il a dû finir par lui céder la victoire.

Après le Psalmorun, le volume qui attirait le plus l'attention était un exemplaire de la Bible latine imprimée à Mayence de 1450 à 1455 par Gutenberg et J. Fust; elle est connue sous le nom de Bible Mazarine, un exemplaire s'étant trouvé dans la bibliothèque du célèbre ministre. Imprimée à deux colonnes, en gros caractères, son exécution typographique est d'une netteté remarquable. L'exemplaire très beau, et relié en maroquin bleu, s'est élevé à 3950 l. st. (99,725 fr.), et c'est encore M. Quaritch qui a triomphé de tous ses rivaux. A la vente Perkins, en 1875, un exemplaire avait été payé 2690 l. st.

En déposant ces deux volumes dans ses riches magasins, M. Quaritch a pu se dire avec une satisfaction mêlée d'orgueil qu'ils lui coûtaient plus de 225,000 fr.

La bibliothèque de sir Thorold ne ressemble nullement à celle des amateurs de notre époque. On y retrouve les goûts des bibliophiles du commencement du siècle, Caillard, Firmin Didot, d'Ourches, etc., dont la passion se portait vers les classiques grecs et latins. Les éditions originales y abondent : Callimaque, Celse, Dioscoride, Homère, Horace, Lucrèce, Martial, Orphée, Ovide, Stace, Strabon, Suétone, Valerius Flaccus, etc.; les belles éditions des classiques publiées en Angleterre et en Hollande s'y trouvent en grand papier, et parfois en *charta maxima;* les livres sur vélin sont nombreux, et il en est qui sont du plus grand prix; les Aldes ont été réunis en quantité, ainsi que divers Elzeviers d'un rang distingué.

Les reliures anciennes présentent les noms respectés de Clovis Eve, de Du Seuil, de Padeloup, de Derome (nous n'en garantissons pas toujours l'authenticité). Nombre de volumes ont été habillés par les artistes les plus renommés de la Grande-Bretagne, Lewis et Roger Payne. Ce dernier était un excentrique qui, vêtu de haillons et dans un misérable galetas, produisait des chefs-d'œuvre (Dibdin a donné son portrait dans son *Bibliographical Decameron);* il mourut en 1797, et ses habitudes d'intempérance avancèrent sa fin. Consulter J. Cundall, *On Bookbindings.* London, 1881, in-4, p. 101.

On remarque dans la Syston Park Library, cinq volumes ayant appartenu à Grolier, huit aux insignes de Marguerite de Valois, entre autres un *Ausone* (Genève), 1578, in-12; la *Cyropédie*, aux armes de Catherine de Médicis; plusieurs de Thou. Une grande partie de ces beaux livres est restée, dit-on, au pouvoir d'amateurs français; la victoire a coûté cher, mais qu'importe.

On trouve assez souvent des exemplaires indiqués comme étant en grand papier, et pour certains volumes, cette assertion pourrait être contestée. Quatre-vingt-onze articles sont consacrés à Cicéron, et Horace occupe les numéros 972 à 1008 : c'est un témoignage des goûts du possesseur de la collection. Indiquons quelques-unes des adjudications les plus remarquables, en regrettant de laisser de côté maint volume très digne d'attention.

ÆSOPUS. 1481, exemplaire Maioli. 170 l. st.

> Le catalogue annonce cet exemplaire comme relié par Nicolas Eve; c'est un anachronisme choquant. Le *Manuel du Libraire* consacre une courte mention à Maioli.

— Une autre édition d'Esope. *Lyon*, 1582, in-16, exemplaire de Marguerite de Valois avec sa devise : *Expectata non eludet.* 120 l. st.

VERARDUS. Historia Betica. *Romæ*, 1494, 125 l. st.

> Il est question de Christophe Colomb dans cette espèce de drame, ce qui le fait vivement rechercher par les amateurs d'anciens livres relatifs à l'Amérique. On en trouve une analyse dans le travail de M. Chassang sur les *Essais dramatiques tirés de l'antiquité*. Paris, 1852, p. 135-140.

ANTHOLOGIA græca. *Florentiæ*, 1494, exemplaire sur vélin, dans une riche reliure ornée, de
sept camées représentant des exercices gymnasti-
ques (sept feuillets refaits en fac-simile). 22 l. st.

APOCALYPSIS Sancti Johannis. (ni lieu, ni
date, mais vers 1530), in-4, impression xylogra-
phique, mar. bleu (le dernier feuillet refait à la
plume).

> On regarde ce volume très curieux comme le second en son
> genre, la priorité étant accordée à l'*Ars moriendi*. On admet géné-
> ralement que l'impression xylographique a précédé de trente ans
> environ l'emploi des caractères mobiles. On connaît cinq éditions
> ou tirages successifs de cette *Apocalypse* attribuée aux presses de
> Laurent Coster à Harleim ; celle-ci serait la plus ancienne de
> toutes d'après Heinecken.

ARISTOTELIS. De animalibus. *Venetiis*, 1476,
édition originale. 105 l. st.

> Exemplaire acheté 2 l. 10 s. à la vente Sykes en 1825. On ne
> connaît, dit-on, qu'un autre exemplaire, celui de la bibliothèque
> nationale, à Paris.

BARTOLDI. Recueil de peintures antiques.
Paris, 1783, mar. Derome, exemplaire sur vélin.
275 l. st.

> Beau volume tiré à un fort petit nombre d'exemplaires. Celui-ci
> avait été payé 155 l. st. au libraire Thorpe ; un autre exemplaire
> également sur vélin, 191 l. 10 s. Beckford ; celui du duc d'Hamilton,
> sur papier, 80 l. st.

BERLINGHIERI. Geographia. *Firenƶe* (sans
date, mais vers 1478), in-4, mar. vert. 50 liv. st.

> Ce *Poeme in terƶine*, contient 31 cartes gravées sur cuivre. On
> peut les regarder comme les plus anciennes qui existent et anté-
> rieures à celles qui accompagnent le Ptolémée de 1478.

BIBLIA polyglotta. *Compluti*, 1314-1317, 6 vol. in-fol. m. r. rel. de Lewis. 96 l. st. — Un ex. 166 l. st. vente Beresford Hode; un autre, 195 l. st. vente Sunderland.

BIBLIA græca. *Aldus*, in-fol. mar. 51 l. st.

> Exemplaire indiqué comme en grand papier. L'exemplaire Sunderland en papier ordinaire 64 l. st. C'est la première fois que le texte grec de la Bible était livré au public.

BIBLIA latina. *Venetiis, Jenson*, 1470. 10 l. st.

BIBLIA latina. *Romæ, Aldus*, 1590, 3 vol. in-fol. mar. Derome. 11. l. st.

> Édition devenue fort rare ; elle contenait un si grand nombre d'erreurs que le pape Grégoire XVI en ordonna la suppression.

BIBLIA sacra germanica. Sans date ni indication de lieu, mais regardée comme imprimée à Strasbourg vers 1545, et comme la première Bible en langue allemande, in-fol. 80 l. st.

> Édition de la plus grande rareté. De Bure avance qu'elle manquait dans toutes les bibliothèques publiques ou particulières de Paris. Le texte surtout dans l'Apocalypse offre parfois des différences sensibles avec les éditions plus récentes.

BOCCACIUS. De Mulieribus claris. *Romæ*, 1475, in-fol. curieuses gravures sur bois. 29 l. st. 10 s.

> Exemplaire payé 26 l. st. 5 s. vente Sykes. Dibdin (*Bibliotheca Spenceria*, t. IV, p. 380-387), décrit en détail ce curieux volume, et donne des fac-simile de quelques gravures sur bois : l'une d'elles représente l'accident de la papesse Jeanne, illustrant ainsi le récit de la vie de cette personne dont à Rome même au XVe siècle, on admettait fort bien l'existence.

BOCCACE. Les Cent Nouvelles. *Paris, Vérard* (vers 1500), exemplaire sur vélin, orné de 101

miniatures en or et en couleur. 670 l. s. (16,197 fr. 50).
Adjugé à M. Quaritch.

BOCCACIO. Il Decamerone. *Aldus*, 1522, mar.
Padeloup. 26 l. st.

BOETIUS. De Consolatione. *Romæ, Hans
Gleim*, in-fol, 20 l. st. 15 s.

> Hans Gleim fut l'élève de Sweynheym et Pannartz, introducteurs de la typographie à Rome.

BUCHANANUS. Paraphrasis psalmorum. *Antuerpiæ*, 1588, in-16; exemplaire de Marguerite
de Valois, mar. 78 l. st.

CÆSARII. Commentarii. *Venetiis, Aldus*, 1513.
21 l. st. — Un exemplaire de l'édition Elzévir de
1635, mar. 10 l. st. 15 s.

CALLIMACHUS. *Antuerpiæ*, 1583, in-16;
exemplaire de Marguerite de Valois. 81 l. st.

CARDANUS. Arcana politica. *Elzevier*, 1635,
exemplaire richement relié aux armes de sir Kenelm
Digby. 44 l. st.

CELSUS. De Medicina. *Florentiæ*, 1478, in-fol.
édition originale. 14 l. st. 15 s.

COMMINES. Mémoires. *Elzevier*, 1648, in-12,
10 l. st.

CORNELIUS NEPOS. *Venetiis*, 1471, in-fol. édition originale; miniatures d'un artiste italien. 37 l. st.

CRASTONI. Lexicon. *Mediolani*, 1480, m. 151 l. st.

> C'est le troisième ouvrage imprimé avec des caractères grecs.

CRONICA von allen Kaysern und|Konigen. *Augsbourg*, 1476, in-fol. nombreuses figures sur bois. 43 l. st.

DANTE. Commedia. *Firenze*, 1481, in-fol. Édition remarquable à cause des gravures de Baldini d'après Botticelli. 36 l. st.

> Voir Colomb de Batines. *Bibliografia Dantesca*. Prato, 1847, tome I (seul paru), p. 98.

DEMOSTHENIS. Orationes. *Aldus*, 1504, reliure ancienne attribuée à Clovis Eve. 32 l. st.

DIOSCORIDIS. *Aldus*, 1499, in-fol. édition originale. 40 l. st.

EUSEBIUS. De Evangelica præparatione. *Venetiis*, in-fol. reliure ancienne. 52 l. st.

EUTHYMIUS ZIGABENUS. Commentarius in omnes Psalmos. *Veronæ*, 1530, in-fol. exemplaire aux insignes de Grolier. 112 l. st.

> Le catalogue commet un anachronisme un peu fort en attribuant cette reliure à Clovis Eve.

HIERONYMI. Epistolæ. *Moguntiæ*, 1470. 149 l. st. Exemplaire payé 52 l. 10 s. à la vente Sykes en 1825.

JOSEPHE, traduit en françois. 1492, exemplaire sur vélin avec 149 miniatures, mar. bleu, reliure attribuée à Boyet. 275 l. st.

> On ne connaît qu'un autre exemplaire sur vélin, celui de la Bibliothèque nationale.

JUSTINIANUS. Institutiones. *Moguntiæ*, 1471, exemplaire sur vélin. 96 l. st.

LIVIUS (Titus). *Venetiis*, 1470, 3 vol. in-fol. 44 l. st.

LIVRE des statuts et ordonnances de l'ordre Sainct-Michel. Sans lieu ni date, mais *Paris*, vers 1550, petit in-4, exemplaire sur vélin, emblèmes d'Henri II et de Diane de Poitiers, reliure du temps. 120 l. st. — Un autre exemplaire sur vélin. 155 l. st. vente Beckford.

LUCANUS. *Romæ*, 1468. 112 l. st.

LUCIANI. Opuscula. *Aldus*, 1516, exemplaire de Grolier avec sa signature. 112 l. st.

LUCRETIUS. *Parisiis*, 1567, exemplaire de Marguerite de Valois. 105 l. st.

MISSALE romanum. *Norimbergæ*, 1491, exemplaire sur vélin. 41 l. st.

MUSÆUS. *Aldus*, 1494, in-4, édition originale fort rare. 37 l. st.

> C'est le premier volume sorti des presses d'Alde l'ancien. Voir le savant ouvrage de M. A. F. Didot, *l'Hellénisme à Venise*; les immenses services de l'illustre typographe y sont mis en pleine lumière.

NATALIS. Catalogue des Saincts et Sainctes. *Paris*, 1523-24, 2 vol. in-fol. Exemplaire sur vélin orné de 948 miniatures. 530 l. st. (13,385 fr.)

OVIDIUS. Metamorphoses. *Paris*, 1587, in-16, exemplaire de Marguerite de Valois. 113 l. st.

PAUSANIAS. Græciæ descriptio. *Lugduni*, 1559. Superbe exemplaire, même provenance que le précédent. 203 l. st.

PLAUTUS. *Venetiis*, 1472, in-fol. édition originale. 75 l. st.

PSALMORUM Enchiridion. *Parisiis*, 1533, exemplaire de Marguerite de Valois. 131 l. st.

SABELLIUS. Rerum Venetorum Historiæ. *Venetiis*, 1487, in-fol. Exemplaire de dédicace au doge avec miniatures, imprimé sur vélin. 152 l. st.

RHODOGINUS. Antiquæ lectiones. *Aldus*, 1516, in-fol. exemplaire de Grolier. 71 l. st.

SHAKESPEARE. 1623, in-fol.

Première édition collective, très rare, presque toujours les exemplaires sont plus ou moins défectueux. C'est un de ces livres que les bibliophiles anglais se disputent à coup de *bank-notes*. A la vente Daniel en 1842, un exemplaire fut adjugé à 617 l. st.

STEUSICHIUS. Enarrationes in Psalmos. In-fol. exemplaire Grolier. 80 l. st.

TEURDANCK. *Nuremberg*, 1517, in-fol. 31 l. st.

Poëme allégorique en l'honneur de l'empereur Maximilien, recherché à cause de sa belle exécution typographique et des 118 gravures sur bois dont il est illustré.

THOMÆ (S.) Aquinatis. *Moguntiæ*, 1467, 35 l. st.

THOMÆ A KEMPIS. Imitatio Christi. *Elsevier* (sans date), mar. reliure attribuée à Du Seuil. 28 l. st.

VALTURIUS. De Re Militari. *Veronæ*, 1471, in-fol. exemplaire sur vélin avec 5 feuillets refaits en fac-simile. 120 l. st.

Dibdin a donné dans la *Bibliotheca Spenceriana*, t. IV, p. 44-53, une ample description de ce beau volume. On ne connaît qu'un autre exemplaire sur vélin; il appartient à Mgr le duc d'Aumale. Un exemplaire sur papier 81 l. st. vente Beckford.

XENOPHON. La Cyropédie, traduite par de Ventémille. *Lyon*, 1545, exemplaire de Catherine de Médicis. 170 l. st.

On sait avec quelle avidité fiévreuse les biblio-philes anglais recherchent les volumes imprimés par William Caxton, le plus ancien typographe de la Grande-Bretagne. Ces livres sont devenus d'une rareté extrême, et il est presque impossible de les trouver exempts de défauts. La vente Thorold n'en renfermait qu'un seul : *Mirrour of the World*, in-fol. (1481), mar. bleu. 335 l. st. On ne connaît qu'un seul exemplaire complet, celui du duc de Roxburghe, payé 351 l. st. 15 s. et qui se trouve dans la bibliothèque du duc de Devonshire.

D'autres ouvrages faisant partie de la biblio-thèque qui nous occupe méritent une mention rapide au point de vue bibliographique.

ÆSOPUS (traduit en vers latins). *Romæ*, 1473, seul exemplaire connu en Angleterre, et payé 5 l. st. 5 s. vente Sykes.

ANTHOLOGIA. *Aldus*, 1503, exemplaire sur vélin, acheté 52 l. 10 s. vente Sykes. Celui que renferme la *Bibliotheca Spenceriana* a coûté 100 l. st.

APOLLONIUS de Rhodes. *Florence*, 1496, texte imprimé en lettres capitales; exemplaire relié en maroq. rouge par Bozérian (1) et payé 7 l. st. 17 s. 6 p.

---

(1) Ce relieur jouissait d'une grande réputation à la fin du XVIIIe siècle et au commencement du XIXe, mais elle a disparu car il a été

APULEIUS. *Romæ*, 1469, édition antérieure aux corrections ordonnées par l'Inquisition ; exemplaire payé 29 l. st. 15 s. vente Sykes.

COLLECTION ad usum Delphini. 65 tomes en 62 vol. mar. rouge (Roger Payne). L'exemplaire du duc de Roxburghe fut en 1812 acheté 504 l. st. par le duc de Norfolk.

CÆSARII Cisterciensis monachi Dyalogi miraculorum. Sans lieu ni date, mais *Cologne*, 1468, in-fol.

> Livre très rare rempli de contes absurdes. On y lit en autres choses que des diables s'étant emparés de l'âme d'un écolier, passèrent toute une nuit à s'en servir pour jouer à la paume.

CICERO. De Officiis. Sans lieu ni date, mais avec l'ancre aldine sur le frontispice ; c'est une contrefaçon lyonnaise. Exemplaire sur vélin : on n'en connaît que trois.

CLEMENTIS V. Constitutiones. *Moguntiæ*, 1471, in-fol., exemplaire sur vélin. On n'en connaît que deux autres : un à la Bibliothèque nationale à Paris, un autre fort piqué de vers à Francfort.

COLLECTION des poëtes dramatiques imprimés sur vélin. 1811, 43 vol. in-18 ; exemplaire du général Junot.

HORÆ beatissimæ Virginis græcè. *Aldus*, 1497.

> Une des plus rares éditions aldines. Un exemplaire 35 l. st. 15 s. Butler, évêque de Lincoln et amateur des plus fervents des impressions aldines ; un exemplaire est dans la bibliothèque du duc

complétement dépassé. Il était aussi bibliophile. En 1801, il livra aux enchères une collection peu nombreuse mais choisie avec goût et dont le catalogue mérite d'être conservé.

d'Aumale ; un autre chez lord Spencer (Dibdin en parle en détail) ;
nous en avons rencontré un offert à 130 thalers (507 fr. 50) sur
un catalogue du libraire berlinois Calvary ; l'exemplaire de Renouard,
incomplet de deux feuillets, fut cependant adjugé à Londres, en
1828, au prix de 21 l. st.

JOVII (Pauli). Vitæ. *Florentiæ*, 1548, reliure
fort belle genre Grolïer. Sur le plat, on lit le nom
d'un bibliophile resté ignoré jusqu'à présent, ce
nous semble :

R. D. MANALDI
CONS. FRAN.
PRÆS.

Ce volume a fait partie de la bibliothèque de de Thou.

LEFEBVRE (Raoul). Recueil des histoires de
Troies. *Paris*, *Vérard* (vers 1498), in-fol. Exemplaire présenté à Charles VIII et imprimé sur
vélin. On n'en connaît que deux autres : celui de
la Bibliothèque nationale à Paris, et celui de Mgr
le duc d'Aumale, lequel est probablement le même
que celui qui fut payé 750 fr. vente Mac-Carthy
et 54 l. st. Hibbert.

LIBRI de compagnie. *Florentiæ*, 1491, exemplaire sur vélin acheté 11 l. st. à la vente Sykes.

LIGNAMINE. Chronica summorum pontificum.
Romæ, 1475, in-fol.

Livre fort rare et recherché. Il raconte l'histoire de la papesse
Jeanne en ajoutant toutefois : *a quibusdem non positur in cathalogo.*
On y trouve une mention des typographes allemands qui *in mem-
branis cum metallicis formis trecentos carlos per diem facere.*

MAGNA charta regis Johannis. *London*, 1816,
in-fol. imprimé en lettres d'or sur vélin. Publication de luxe ; un exemplaire, 44 l. st. 5 s. Sykes.

MARULLUS Hymni. *Florentiæ*, 1497, exemplaire sur vélin offert à Laurent de Médicis, le seul connu. Payé 200 florins vente Meerman.

PILPAI, vel Bidpai Fabulæ. Sans lieu ni date, mais vers 1480, exemplaire payé 31 l. 10 s. vente Sykes,

> Ces apologues reproduits sous bien des formes diverses ont pour auteur un brahme, Vishnou Sarma. Il y aurait beaucoup à ajouter aux renseignements que fournit le *Manuel du Libraire*, art. *Bidpay*, mais nous devons nous borner à signaler l'article que M. Liebrecht a consacré dans *l'Iarbuch fur roman Literatur*, t. II, (1860) p. 74-89, à la savante édition du *Pantchatantra* publiée par M. Benfey, Leipzig, 1850, 2 vol. in-8.

PSALTERIO per putti. *Bologna*, 1575, in-4. Exemplaire sur vélin.

> Espèce de catéchisme illustré de 35 figures sur bois et dont les bibliographes n'ont pas fait mention.

VENTE OESTERLEY PARK

Cette vente, moins importante que celle de Syston Park mais toutefois fort intéressante, a eu lieu à Londres au mois de mai dernier. Ainsi s'est dispersée cette belle bibliothèque qui, depuis deux siècles, existait au château d'Oesterley Park, appartenant aux comtes de Jersey.

On trouvera plus loin les principales adjudications. Ici, nous ne faisons pas figurer de beaux ouvrages anglais payés fort cher, mais qui n'offrent qu'un faible intérêt pour les amateurs français. Nous devons signaler toutefois la présence dans cette riche collection de dix volumes imprimés par

William Caxton, l'introducteur de la typographie dans la Grande-Bretagne. Un de ces volumes a de l'intérêt pour la France : *Recuyell of the Histo- ryes of Troye.* C'est la traduction faite par Caxton lui-même d'un ouvrage de Raoul Lefebvre et c'est la première production de la typographie en Angleterre. On ne connaît que trois exemplaires parfaitement complets; celui-ci est du nombre et il a été relié en maroquin vert par Lewis. Après une lutte très vive entre deux grands libraires de Londres, MM. Ellis et Quaritch, il a été adjugé à ce dernier au prix de 1820 l. st. (47,045 fr.), après avoir débuté par une offre de 200 l. st. En 1756, il avait été adjugé à 8 guinées seulement ; c'est un exemple frappant de l'augmentation de la valeur attribuée aux livres d'une rareté excep- tionnelle. Mentionnons en fait de livres du même genre : *The Romance of King Arthur*, seul exemplaire connu. 1950 l. st.

CICERO. De Senectute, traduit par Caxton. 1482. 330 l. st.

GOWER. Confessio Amantis. 1483. 810 l. st. A la vente Perkins un exemplaire avait été payé 285 l. st.

VYRGYLE. Boke of Eneydos. 1490. 235 l. st.

Ce n'est pas une traduction de l'Enéide, c'est la traduction faite par Caxton d'une espèce de roman en prose dont Enée est le héros et qui fut réimprimé à Lyon en 1482 (Voir le *Manuel du Libraire*, t. V, p. 1304). On trouvera une description du volume anglais dans la *Bibliotheca Spenceriana*, d'après un exemplaire payé en 1802, 100 guinées, prix qui parut alors excessif.

Quelques autres Caxtons plus ou moins imparfaits ont été abandonnés à des prix bien moins élevés.

Entre autres ouvrages anglais d'une grande valeur, nous mentionnons :

BERNARDYN. Chirch of Evil Men and woman with Parliament of devyls. 170 l. st. C'est à coup sûr un des livres les plus rares relatifs aux femmes, et ce *Parlement des diables* ne manque pas d'originalité.

Nous trouvons encore comme dignes d'attention :

BIBLE translated by Coverdale. Première édition avec la dédicace à la reine Anne Boleyn. 680 l. st.

FROISSART. Cronycle. *London*, 1523-1525, 2 vol. in-fol. 58 l. st.

TYNDALE (William). Testament. 1538, in-8. 50 l. st.

> Les divers écrits de cet apôtre de la réforme ont été recueillis à Londres en 1573, in-fol.; les éditions primitives sont très recherchées en Angleterre. Voir Lowndes. *Bibliographer's Manual*, p. 2732-2734.

THE Golden Legend. 1527, in-fol., figures sur bois. 176 l. st.

> Il existait déjà plusieurs éditions de cette traduction de la *Legenda aurea* de Jacques de Voragine, si goûtée au moyen-âge.

HUBBAID. Narrative of the Troubles with the Indians in 1667. — Sermen precuhed in Boston in 1677, in-8. 56 l. st.

> C'est un exemple du prix exorbitant qui s'attache aux ouvrages relatifs à Al'mérique du Nord.

Passons aux livres étrangers à l'Angleterre :

BIBLIA latina. *Moguntiæ*, 1472, exemplaire sur vélin, mais malheureusement imparfait de la première édition avec date. 320 l. st.

ANDROUET DU CERCEAU. Dix-huit dessins à l'encre de chine représentant des temples, des arcs de triomphe, etc. 47 l. st.

CÆSAR. *Romæ*, 1469, édition princeps, exemplaire imparfait. 35 l. st. 10 s.

CICERO. De officiis. *Moguntiæ*, *Fust*, exemplaire sur vélin. 202 l. st.

> Première édition d'un ouvrage de Cicéron.

DANTE. Commedia. *Firenze*, 1472. 67 l. st.

GRUTERI. Inscriptions. 1602, in-fol. exemplaire aux insignes d'Henri IV. 32 l. st.

> Edition de valeur bien médiocre en condition ordinaire.

HOMERUS. Ilias. 1488, édition princeps. 35 l. st.

OVIDE. La Bible des poètes métamorphosée (traduite par Colard Mansion). *Paris*, *Vérard*, 1493, in-fol. reliure ancienne, cuir de Russie, incomplet du dernier feuillet. Après avoir débuté à 100 l. st. les enchères se terminèrent à 510 l. st, en faveur de M. Quaritch.

> Le *Manuel du Libraire* ne signale aucune adjudication de cette édition qui eut un grand succès au XVe siècle. L'original latin est l'œuvre d'un moine, Thomas Walleis, qui eut l'idée de trouver dans les récits souvent peu édifiants du « galant Ovide » des enseignements de morale chrétienne. Diverses éditions du texte latin publiées pendant le XIVe siècle attestent que l'œuvre du bon moine trouvait encore des lecteurs. Ce fut le célèbre imprimeur brugeois,

Colard Mansion qui *translata* et *compila* le texte latin ; le volume imprimé, à Bruges en 1483 est une rareté du premier ordre (voir la notice de M. Van Praet sur la vie et les travaux de Colard Mansion, Paris, 1878).

Le premier qui essaya dans un ouvrage exprès de soumettre Ovide à des explications morales et même théologiques paraît avoir été Philippe de Vitry, depuis évêque de Meaux, et il osa faire cette tentative dans un long poème en langue vulgaire. Plus tard, Thomas Valleis, mort en 1340, et dont l'ouvrage porte quelquefois le nom de Nicolas Trivette, entreprit la même chose en prose latine ; il regrette dans son prologue de n'avoir pu connaître le poème français. Si l'on est curieux de voir comment la mythologie d'Ovide s'adaptait à l'Evangile, on saura tout ce qu'il y a de théologie dans la transformation de Galathis en belette, dans celle de la jeune Iphis en garçon. Dans l'inceste de Myrrha, par exemple, c'est l'âme pécheresse. Cinaras c'est le diable lui-même dont elle est fille. « Vous pouvez dire encore » dit l'auteur dans ses conseils aux prédicateurs « que Dieu, pour punir l'âme pécheresse, le change en myrrhe, c'est à dire en amertume, au lieu que c'est la Sainte Vierge qui a conçu de Dieu le père, et qui exhale, changée en myrrhe, le parfum le plus suave ». Il procède ainsi partout : Dites ceci de Jupiter, dites cela de Junon. Un meilleur conseil à donner et à suivre, c'était de n'en point parler. (J. V. Leclerc. *Hist. litt. de la France*, t. XXVI, p. 371).

POLIPHILE. Hypnerotomachia. *Aldus*, 1499. 38 l. st. — Un exemplaire de l'édition aldine de 1499. 22 l. st.

Cette composition bizarre à laquelle de belles gravures sur bois donnent un mérite particulier attire depuis quelque temps l'attention des artistes et des critiques. Il en a paru en 1881 une traduction avec préface de M. Paul de Saint-Victor.

VAN DYCK. Un recueil de 192 portraits gravés par divers artistes ; on y trouve aussi un certain nombre de pièces à l'eau-forte gravées par Van Dick lui-même. 146 l. st.

A une vente faite à Londres au mois d'avril, les productions du célèbre graveur sur bois Bewick se sont payées des prix élevés. Les *Quadrupèdes*, 32 l. st. 10 s. ; les *Oiseaux*, 25 l. st. ; les *Fables* d'Ésope, 33 l. st. 10 s. Un livre de Th. Meale, *New England Persecutors*, 25 l. st. On n'en connaît qu'un autre exemplaire conservé dans la bibliothèque des Quakers.

Le catalogue composé presque entièrement de livres anglais comprenait 706 articles qui ont produit 1657 l. st. 10 s.

La vente de la bibliothèque de M. Hartley a eu lieu à Londres du 1er au 4 mai. Elle se composait presque exclusivement d'ouvrages anglais; diverses histoires locales (le *Cheshire* d'Ormerod, le *Berkshire* d'Ashmole, le *Gloucestershire* d'Atkins, etc.) se sont payés des prix élevés, mais ils sont peu recherchés en France.

Un exemplaire de l'édition originale de Shakespeare (1621), 480 l. st. (plus de 12,000 fr.). On remarquait quelques ouvrages concernant l'histoire naturelle.

YARELL. Bird and Fisher (Oiseaux et Poissons). 5 vol. in-fol. très grand papier. 60 l. st.

BEWICK. Birds, Quadrupeds and Fables. 46 l. st. 15 sh.

GOULD. Ouvrages d'ornithologie (Birds of Europe, — of Australia, — of Asia, etc.) douze ouvrages divers, grand in-fol. planches coloriées. 698 l. st.

LEVAILLANT. Histoire des oiseaux d'Afrique. 6 vol. 61 l. st.

Les publications de la *Chetam Society*, 110 vol. in-4, 24 l. st. Cette société créée en 1845, se

propose la publication d'écrits relatifs au Lanca-
shire et au Cheshire. Voir dans le *Bibliographer's
Manual* de Lowndes, *Appendix*, London, 1864,
p. 67-71, la liste de 60 de ses publications.

Trois vacations ont produit la somme de 37131.
st. 9 sh.

V

PUBLICATIONS BIBLIOGRAPHIQUES

Nous avons l'espoir d'être agréable aux amis des livres en leur signalant des publications qui offrent un très grand intérêt et qui sont destinées à ne passer sous les yeux que d'un nombre restreint d'amateurs.

Parlons d'abord d'un volume anglais tiré à petit nombre et non destiné au commerce : bien peu d'exemplaires arriveront en France. Il a pour titre : *Catena librorum tacendorum*, *bing Notes Bio-Biblio-Frono graphical and critical in Curious and Uncommen Books*, by Pisanus Fraxi. London, MDCCCLXXXV, très grand in-8º, LVII et 5g3 pages.

Ce beau volume, exécuté avec une élégance typographique irréprochable, est accompagné d'une épigraphe française : « Une bibliographie complète » est un flambeau, car avec de tels éléments « d'études, de confrontations, de recherches,

» l'erreur devient impossible » (Léon de Labes-
sade).

La *Catena* forme le troisième volume de cette
série de recherches complètement neuves sur les
libri prohibiti ou *abscondendi*. L'auteur s'est imposé
la loi très sage de parler exclusivement de volumes
qu'il a sous les yeux; il les décrit, il les analyse en
parfaite connaissance de cause.

A fort peu d'exceptions près, les livres dont il
est question dans la *Catena* sont en langue anglaise;
ils n'intéressent presque exclusivement que les
bibliophiles de la Grande-Bretagne. Heureusement,
nous trouvons parmi eux, un volume espagnol
très curieux et resté inconnu.

*Retrati de la Lozana Andaloza en Lengua
Española muy clarisima*, *compuerto en Roma.*
Madrid, 1873, XIV et 347 pages, titre rouge et
noir, avec un fac-simile du frontispice de l'édition
originale.

Ce volume est le premier d'une *Coleccion de
libros espanoles rares y curiosos*, tirée à petit
nombre et réservée à une Société de bibliophiles
espagnols. C'est la reproduction d'un livre que les
bibliographes avaient ignoré et dont un exemplaire
enfoui dans la bibliothèque impériale de Vienne a
été découvert par un érudit des plus distingués,
Don Pascual de Cayangos. L'éditeur signale ce
livre comme « une de los mas curiosos que se han
» escrito en lengua castellana ».

L'histoire de l'héroïne n'offre rien de très remar-

quable, mais ce *Retrato* présente un tableau,
d'après nature, de la ville de Rome et de ses habi-
tants. Il est divisé en *LXVI Mamotractos;* c'est
surtout une série de dialogues entre Lozana et des
personnages de tout rang : l'auteur y intervient
quelquefois d'une façon un peu confuse.

Lozana est née à Cordoue. Orpheline, et fort
jeune, elle se rend à Séville et devient la maîtresse
du fils d'un négociant; le père ne veut pas entendre
parler de mariage, et la malheureuse est amenée
en Italie, grâce à l'humanité d'un *barquero*. Elle
se rend à Naples et y fait la connaissance d'un
jeune homme nommé Rampon. Une tendre liaison
s'établit entre eux, mais comme il faut avoir les
moyens de vivre, Lozana se fait courtisane et
s'établit à Rome où elle ne manque pas d'adora-
teurs. Ici se trouvent de longs détails sur les
cortisanas de tout genre *ricas o pobres*, et de tous
pays, qui abondent à Rome.

L'auteur de *Lozana* écrivit un livre sur le *morbus gallicus* dont l'apparition imprévue causait la
plus vive émotion à la fin du xve et au commencement du xvi^o siècle. Son témoignage sur l'obscure
question d'origine mérite d'être cité.

Lozana s'entretient avec une de ses compagnes
nommée Divicia.

En Rapolo, una villa de Genova, y est puerto de
mar, porque alli mataron las pobres de San-Lazano
y dicron al faco los soldados del Rey Carlo Chris-
tianissimo de Francia; aquella tievra y las casas de

San Lazaro, y uno que vendio un colchon por un ducado. como sie lo pusieron en la mano, le salio una buba ansi redonda como el ducado, que por eso son redondas, despues aquél lo pego à cuantos toco con aquella mano, y luégo incontinenti se sentian los dolores acerbisinos y lunaticos, que yo me hallé alli y lo vi, que por eso se dice el Senor te guarde de su ira, que es esta plaga que el sexto angel derramo sobre casi la mietad de la tierra.

Loçana. Y las plagas?

Divicia. En Napoles comenzaron, porque tambien me hallé alli cuando dicien que habian enfecionado los vinos y las aguas, los que las bebian luégo se aplagaban, porque habian echado la sangre de los perros y de los leprosos en las cisternas y en las cubas, y fueron tan comunes y tan invisibles, que nadie pudo pensar de donde procedian. Muchos muri eron, y como alli se declaro y se pego, la gente que despues vino de Espana llamanban lo mal de Napoles, y esté fué sué principio, y este ano de veinte y cuarto son treinta é seis anos que comezo. Ya comienza à aplacarse con el legno de las Indias Occidentales, cuando sean sesenta anos que comenzo, al hora cesara.

On voit que Divicia avait lu l'Apocalypse, mais elle s'est fortement trompée en avançant que le *morbus* dont elle parle savamment disparaîtra soixante ans après son apparition, c'est-à-dire, selon ses calculs, en 1548. Le mal se maintient depuis près de trois siècles et ne semble nullement devoir cesser.

Nul doute d'ailleurs que Divicia n'émette une idée populaire répandue à cette époque. Il ne serait pas sans intérêt de vérifier si on en trouve des traces ailleurs que dans la *Lozana* (1). Tout ce que nous avons découvert à cet égard, c'est que annonçant pour l'an 1548 la disparition de l'épidémie, ces pronostics avaient pour base des calculs astrologiques.

La conclusion du roman est édifiante. Lasse d'une vie de désordre, Lozana se retire dans l'île de Lipari et achève ses jours dans les exercices de la pénitence.

L'auteur, Francisco Delicado (ou Delgado) écrivait à Rome en 1524; l'édition de Venise est datée de 1528. Tout ce qu'on sait à l'égard de Delicado, c'est lui-même qui nous l'a appris. Né à Cordoue, il embrassa l'état ecclésiastique, se rendit en Italie et séjourna à Rome de 1523 à 1527. Il quitta la ville éternelle lorsqu'elle eût été saccagée par les soldats de Charles-Quint, s'établit à Venise, et se fit homme de lettres. A partir de 1533, tout renseignement fait défaut sur son compte. Il s'occupa

(1) On formerait une bibliothèque considérable en réunissant les écrits relatifs à l'origine du *Morbus*. Nous nous bornerons à mentionner : C. A. Wemer. *Dissertatio de origine ac progressu luis venærex* (Lipsis, 1829); W. Turner. *An Inquiry inthothe origiu of the luis venerea* (London, 1786); Thiene. *Lettere sulla storia di mali venerei* (Venezia, 1828). Laissant de côté l'Italie, quelques écrivains s'en sont pris à l'Amérique, opinion vivement combattue par Ribeiro Sanchez (*Dissertation sur l'origine de la maladie vénérienne*) dans laquelle il prouve qu'elle n'a point été apportée de l'Amérique (Paris, 1756, traduit en allemand et en espagnol). Les Nègres de la côte de Guinée, les Bohémiens ont aussi été mis en cause.

aussi de médecine ; en 1529, il fit paraître un livre intitulé : *El modo de adoperare el legno de India occidentale saluti fero remedio a ogni plaga el mal incurabile e siguarisca mal Franceso.* C'est probablement le même ouvrage qu'il indique sous un titre latin : *De Consolatione infirmorum.* Il nous dit qu'il avait pris la plume *para quitar la melancolia de los que se encontrasen enfermas commel.*

Avant Delicado, des docteurs de l'époque avaient préconisé les vertus du bois de gayac pour combattre le *malo françaʒ.* Un espagnol, Gonzalos Ferrando, né en 1478, devenu malade en Italie, passa en Amérique, eut recours au gayac, guérit et écrivit : *Das Tratados del Palo de Guayace y del Pelo Santo.* Jean Maynard, de Vérone, avait dès l'an 1500, publié *Epistolæ II de ligno indico.*

L'Espagne était alors maîtresse d'une grande partie de l'Italie. Elle régnait à Milan et à Naples, il était tout naturel qu'on vit surgir des livres dans la langue des Castilles (1). Delicado profitant de la vogue que possédaient les romans de chevalerie, fit paraître un *Amadis de Gaula* et un *Primaléon* devenus aujourd'hui d'une extrême rareté.

Certaines similitudes entre la *Loʒana* et les *Raggionamenti* de l'Arétin ont pu faire supposer que Delicado s'était inspiré des écrits *del divino*

---

(1) Citons seulement les trois curieuses productions dramatiques de Bartholome de Torres Naharret la *Prcpaladia* imprimée à Naples en 1517 *por Juan Pasquela de Salio.* Voir Ticknor *History of Spanish literatur.*

Pietro et que le *P—na errante* ne lui était pas inconnue. Les *Raggionamenti* ne parurent qu'en 1534 et la plus ancienne édition connue de le *P—na errante* est de 1538.

La *Catena* renferme (p. 61-95) d'amples détails sur la bibliographie d'un ouvrage de Cleland, un des plus célèbres de ce genre : *Memoirs of a woman of pleasure*. Onze éditions de la traduction française sont décrites. La première « ouvrage quintessencié de l'anglois » 1751, est fort abrégée. L'édition de 1770 est bien plus ample; c'est celle qui a été reproduite à diverses reprises. La dernière édition décrite est un volume petit in-8º, *Amsterdam et Paris*, 1788, en réalité, *Bruxelles*, 1872 ou 1873; 88 et 100 pages.

Mentionnons encore ce qui concerne un volume de XII et 363 pages, imprimé à Heilbronn en 1883, tiré a 210 exemplaires. C'est un recueil destiné aux amis des traditions populaires et de ce *Folk-lore* devenu l'objet de nombreux travaux. Il est divisé en quatre parties : une en allemand regarde la Norwége; les autres sont en langue française. La première est la plus étendue : *Contes secrets traduits du russe* (p. 7-292); *Trois Contes picards* (p. 333-359); *Devinettes et formulettes bretonnes* (p. 360-363). La *Catena* donne à cet égard des détails curieux.

L'évènement bibliographique de l'année a été la publication du catalogue de la célèbre bibliothèque réunie par M. le baron James de Rothschild, dont la mort imprévue (25 octobre 1881) a causé de si légitimes regrets.

Nous ne possédons encore que le premier volume de ce riche inventaire. C'est un grand in-8° de xix et de   pages, tiré à 400 exemplaires (librairie Morgand); le tome second, attendu avec impatience, comprendra le théâtre, les romans et facéties, et les sciences historiques.

Les numéros inscrits dans le volume que nous avons sous les yeux se rapportent exclusivement à des livres presque tous anciens et précieux à divers titres; il a été rédigé par M. E. Picot, le savant auteur de la *Bibliographie Cornélienne* (Paris, Fontaine, 1873) et auquel on doit d'excellents travaux sur la science des livres (voir entre autres des recherches sur les *Sotties*, publiées dans la *Romania*). Des notes, souvent fort étendues, toujours substantielles et instructives, accompagnent presque tous les articles. Nous indiquerons parmi celles qui offrent le plus de développement les n⁰ˢ 499, *Heures de Nostre-Dame;* 551, les *Ventes damours;* 628, le *Tombeau de Marguerite de Valois;* 916, les *Fables de Dorat;* le très curieux volume des *Chansons en lengaige provençal* n° 1021, p. 648. Clément Marot, un des poètes favoris de M. de Rothschild présente une série d'éditions très précieuses (voir pages 399-437).

Presque tous les livres enregistrés sont accompagnés de fac-simile reproduisant exactement les frontispices, les vignettes qui les décorent, les souscriptions, etc. Parfois on y rencontre des figures en bois de la grandeur d'une page entière, notamment la *Noble science des joueurs d'espée*. Anvers, 1538; la reproduction d'une page entière d'une édition d'Horace, en caractères ronds, regardée comme la première de toutes, et qu'on croit avoir été imprimée en Italie vers 1471 (l'exemplaire de M. de Rothschild est sur vélin); une page entière d'un livret rarissime imprimé à Angoulême en 1491, est reproduite, nº 5690, p. 372.

L'attention des bibliographes se portera sur un grand nombre de livres et de plaquettes dont les titres étaient restés inconnus. Nous citerons :

Livre nouveau nommé le Difficile des receptes.

La grande merveilleuse desperation des Usuriers.

Le livre de Chascun.

Le Diable se mocque des femmes qui ne veulent point filer le Samedy apres midy.

Comment Satan et le dieu Bacchus accusent les taverniers.

Les Dictz et complaintes du trop tard marié (pièce qu'il ne faut pas confondre avec celle dont Pierre Gringore est l'auteur).

Plusieurs basses danses tant connues que inconnues.

Livret nouveau auquel sont contenues XXV Receptes.

Le Sermon de Sainct Belin.

On ne trouve guère dans la bibliothèque Rothschild que des ouvrages français; quelques beaux

livres italiens mais en petit nombre ; un seul volume
espagnol qui est d'un grand prix : *Romancero
general*, 1624; un seul volume anglais, mais il
figure parmi ceux que les amateurs britanniques
se disputent à coups de *bank-notes*: *The Book
intitvled Confessio Amadis*, poème de Gower,
imprimé par Caxton en 1483, exemplaire à toutes
marges, le plus beau connu (voir l'excellent
ouvrage de M. Blades. *The Life and Typography
of W. Caxton*. London, 1863, tome II, p. 143;
consulter aussi Lowndes. *Bibliographer's Manual*,
p. 922; Dibdin. *Bibliotheca Spenseriana*, t. IV,
p. 267). A la vente Perkins, en 1872, un exemplaire fut adjugé à 265 livres sterling (6792 fr.).

· Les belles reliures anciennes sont l'objet des
convoitises les plus ardentes des bibliophiles de nos
jours. Le catalogue que nous parcoùrons offre en
ce genre de précieux trésors; quelques fac-simile
les reproduisent.

Nous citerons un manuscrit de Jarry (1) *Præces
piæ* (n° 34), maroquin rouge couvert à l'intérieur

(1) Le *Manuel du Libraire*, t. III, p. 511, consacre aux productions
de ce célèbre calligraphe un long article qui serait susceptible de
développements nouveaux. M. Uzanne, après avoir inséré dans le
Courrier littéraire, n° 5, mai 1876, une notice sur la *Guirlande de
Julie*, a publié (librairie Jouaust) une édition de ce recueil avec une
introduction intéressante et des notes, variantes et documents nouveaux. Nous trouvons un *Office de la Vierge*, daté de 1644 (non
indiqué par M. Brunet), in-16 de 174 pages, offert au prix de
10,000 fr. catalogue de MM. Morgand et Fatout, 1876, n° 820.
Les mêmes libraires mettent à 1800 fr. un autre manuscrit daté de
1842, catalogue de 1880, n° 6822. Un *Officina conceptionis Beatæ
Mariæ*, de 80 pages, daté de 1645, 1400 fr. vente Lebœuf de
Montgermont.

et à l'extérieur d'ornements en or, exécutés à petits fers et au pointillé, un des chefs-d'œuvre de Le Gascon.

CATULLUS. 1502, exemplaire du comte d'Hoym, reliure de Padeloup jeune, maroq. citron (n° 412).

CORNAZANO. *De re militari.* 1530, reliure du temps en mosaïque exécutée pour Giordano Ursini (n° 1031).

La majeure partie des livres catalogués ont passé par les mains de Trautz-Bauzonnet, le plus habile des relieurs de notre époque. James de Rothschild avait pour cet artiste une amitié véritable; il lui a consacré quelques pages fort intéressantes à tous égards dans un des Bulletins de la librairie Morgand et Fatout.

En tête du volume se trouve une notice d'un intérêt très vif relative à l'amateur qui avait réuni toutes ces richesses. James de Rothschild n'était point un de ces bibliophiles plus ou moins sincères par vanité, parfois par spéculation, acheteur de livres précieux qu'il ne lisait point. C'était un lettré, sachant trouver au milieu des plus grandes affaires financières des moments qu'il consacrait à des études littéraires. Fort jeune encore, il avait publié sur le satirique Régnier une étude fort remarquée. Les derniers volumes du *Recueil des Poésies françaises du XVe et du XVIe siècles* (Bibliothèque elzévirienne) édité par M. Anatole de Montaiglon, contient des notices très savantes dues à M. de Rothschild sur d'anciennes poésies fort peu connues jusqu'ici. Si la mort n'était pas venue le frapper à l'âge de trente-six ans, on aurait dû à son zèle infatigable d'importantes publications : celle de diverses *Gazettes* rimées remontant à la jeunesse de Louis XIV était commencée, elle se continuera. Il en est de même du *Mystère du Viel Testament* dont il n'a pu donner que les deux premiers volumes. Il se proposait d'achever l'édition des œuvres de Gringore entreprise en 1858 par MM. d'Héricault et de Montaiglon. Préoccupé d'un ouvrage d'un tout autre genre, il avait fait transcrire les papiers de Roisse des Nœuds, médecin de Charles IX, conservés à la Bibliothèque nationale et des plus curieux pour l'histoire anecdotique d'une période antérieure au Journal de Pierre de l'Estoile.

Le catalogue Rothschild ne passera probablement sous les yeux que d'un petit nombre de bibliophiles ; peut-être nous saura-t-on quelque gré de reproduire, sans prétendre choisir, quelques-unes des notes qui lui donnent une importance extrême.

Secreta Mulierum. Translaté de latin en françoys, petit in-8° gothique, 31 feuillets non chiffrés, de 22 lignes à la page et un feuillet blanc.

Le titre porte la fleur de lys de Jacques Moderne, imprimeur à Lyon vers 1540 ; le texte commence au verso même du titre.

Les *Secreta Mulierum* dont nous avons ici une traduction, sont vulgairement attribués à Albert le Grand, mais cette attribution n'est appuyée sur aucune preuve; tout annonce au contraire que les *Secreta* ne sont pas de lui. C'est, disent les auteurs de l'*Histoire littéraire de la France* (XIX, 373) « l'article qu'il conviendrait le plus d'effacer du catalogue de ses œuvres ». Lenglet du Fresnoy croit que ce traité a été écrit par un des élèves d'Albert, Thomas de Cantimpré ou Albert de Saxe. Quoiqu'il en soit, les *Secreta* qui contiennent un résumé singulièrement naïf des connaissances physiologiques du moyen-âge, fut très répandu. Non seulement le texte latin fut multiplié par de nombreux manuscrits et fréquemment imprimé dès la fin du xve siècle (voir Hain. *Repertorium*, 619-656), mais il en fut fait une traduction française plusieurs fois réimprimée. Cette traduction qui remonte au commencement du xve siècle est celle que des réviseurs anonymes se sont appropriée plus tard en y intercalant un certain nombre d'additions. Le texte de l'édition de Lyon présente des différences avec celui qu'ont donné d'après quatorze manuscrits, MM. les docteurs . *Les Secrets des Dames défendus à révéler.* (Paris, Rouveyre, 1880).

Le diable qui se mocque des femmes qui n'osent filer le Samedy apres midy. Le verso du titre est orné d'un bois qui repré-

sente une dame et un gentilhomme debout ,
dans une salle dallée.

Sous le titre que nous venons de reproduire,
l'imprimeur anonyme a donné comme une œuvre
nouvelle un chapitre de la *Diablerie* d'Eloy
d'Amerval; l'extrait qui ne compte que 64 vers
commence ainsi :

Sathan.

Il y a des gens, Lucifer,
Beaucoup pour parler sans truffes.

Le fragment de d'Amerval est suivi d'une pièce
bien connue : *Les Beautés appartenant à femmes*
pour être dictes belles (voir *Recueil de poésies*
françoises, VII, 290) et d'un dicton de 10 vers.

Femme qui se présente en rue
Femme qui fait le col de grue.

Nous connaissons de même sept extraits de la
Diablerie imprimés sous forme de livrets populaires.

Prognostication nouuelle

Plus approuvée que iamais

Il ne s'en fist pieça de telle

Cert pour trois iours apres iamais.

Au verso du titre se trouve un huitain qui sert
de *prologue*. Ce huitain est précédé d'un P orné
plus grand que celui du titre. Au verso du dernier
feuillet un bois finement gravé qui représente un

astrologue tenant une sphère à la main ; devant ce
personnage sont deux bergers dont l'un accompagné de son chien, lève la main vers le ciel ; au
dessus des trois personnages on aperçoit le soleil,
la lune et les étoiles. Ce bois se retrouve sur le
titre d'une édition de la *Confession Margot* qu
fait partie du célèbre recueil du Musée britannique.
Les deux pièces sont imprimées avec les caractères
facilement reconnaissables dont se servaient les
héritiers de Barnabé Chaussard à Lyon, vers 1540.
Cette prognostication, composée vers 1525, a été
plus tard découpée en chanson. Voir *Plusieurs
belles chansons nouvelles*. Paris, Alain Lotrian,
1542, petit-in-8° gothique n° 1 (*Recueil de poésies
françoises*, XII, 144-147 ; 417-419). Exemplaire
provenant de la vente Morris n° 71

La Quenouille spirituelle

Avec un bois reproduit deux fois représentant la
Vierge et les saintes femmes soutenant le corps de
Jésus au pied de la croix.

Le dernier feuillet contient deux bois ; au recto
Dieu le père entouré des anges ; au verso le Christ
prêchant à plusieurs disciples. Le titre de départ
nous apprend que la *Quenouille* a été faite et
composée par maistre Jehan de Laeu, chanoine
de Lisle. Cet auteur sur la vie duquel on ne possède aucun renseignement devait s'appeler *du Lac*
ou *Van del Poel*. Son ouvrage était sans doute
écrit en latin ; nous n'en avons ici qu'une traduc-

tion due à *Pierre Gringore* qui a eu soin d'y ajouter une *incitation de l'auteur* contenant son acrostiche.

Voici le début du poème :

L'acteur

En chevauchant dans la prairie
Auprès dung bois, par vray dévotion

Exemplaire de M. le marquis de Gannay (catalogue n° 104).

Nous connaissons de cette pièce deux autres éditions gothiques du même format; l'une dont le titre porte *la Quenouille spirituelle* et dont le premier feuillet est orné au recto et au verso du même bois que la nôtre, tandis que le dernier feuillet est blanc (bibliothèque de M. de Laroche-La Carelle) et une édition de Guillaume Nyverd à Paris décrite par M. Brunet (*Manuel du Libraire*, III, 137). Nous n'avons rencontré de notre édition qu'un autre exemplaire lequel est incomplet de 2 feuillets et que possède le Musée Britannique.

S'ensuyvent plusieurs basses-danses tant communes que non communes comme on pourra voyr ci dedans.

(Sans lieu ni date, mais Lyon, Jacques Moderne; vers 1540), petit in-8° goth. 21 feuillets non chiffrés de 22 lignes à la page. Sign. A. D. Un bois représente quatre musiciens vus à mi-corps et soufflant dans des instruments à vent.

Ce volume complètement inconnu jusqu'ici contient un traité des mesures de danse, des pas simples, doubles, etc. L'exposé des principes généraux est suivi du détail des danses « que plus souvent on danse maintenant ». La musique est indiquée par les timbres des chansons en vogue, telles que *La Marquise; Si j'ai mon joly temps perdu; L'Espine; C'est à grand tort*, etc. Les pas sont marqués par des signes conventionnels.

Le système suivi par l'auteur est le même que le système suivi par Antoine Arena dans le fameux recueil macaronique qu'il dédia *ad suos compagnones*. Ce rapprochement permet de penser que les notations chorégraphiques d'Arena étaient communes à tous les professeurs de danse au commencement du xvi° siècle.

Du Coq à l'asne sur les Tragœdies de France. — Arnaud à Thony. Ensemble la response de Thony à Arnaud. M. D. LXXXIX, in-8°, 39 pages.

Cette pièce qui n'est pas mentionnée au *Manuel du Libraire*, se rapporte aux évènements de l'année 1589; elle se retrouve avec la date du mois d'août de cette année dans le *Registre-Journal* de Pierre de l'Estoile (nouvelle édition, tome II).

Le catalogue de la bibliothèque de M. Leber (t. IV, n° 173) mentionne dans un recueil de pièces manuscrites, un poème intitulé : *Coq à l'asne de Thony sur la Ligue; les Ligueurs et*

Henri III, attribué, y est-il dit, à Philippe Desportes et accompagné de notes curieuses d'une autre main contemporaine. Selon toute vraisemblance, ce poème se confond avec notre *Coq à l'asne* que l'on devrait ainsi ajouter aux autres œuvres de l'abbé de Tiron.

Notre édition est, non seulement plus complète que la copie suivie par les nouveaux éditeurs de l'Estoile, elle présente aussi un grand nombre de passages fort différents. Le texte imprimé est à peu près le texte suivi par l'Estoile jusqu'au vers 300, mais la fin est tout autre; nos 16 derniers vers se retrouvent d'ailleurs dans la Response du Coq à l'Asne, telle que la donne l'Estoile. Dans la première partie même du poème, notre plaquette fournit d'utiles corrections.

La *Response* est précédée d'un sonnet comme la première épître. Thony, de qui elle est censée émaner, était un fou célèbre qui figura successivement à la cour d'Henri II et à celle de Charles IX. Les deux textes offrent pour cette seconde pièce de nombreuses variantes.

Les Regrets et Complaintes des Gosiers Altérés pour la désolation du pauvre monde qui n'a croix. *Nouvellement imprimé à Paris*, MDLXXV, in-8°, 8 feuillets non chiffrés.

Au titre un bois qui représente un nain grotesque, lançant d'une main un gobelet, et de l'autre une bouteille. Ce nain est le personnage emblématique auquel Guillaume de la Perrière a consacré quelques vers dans son *Théâtre des bons engins* (voir le *Bulletin de la Librairie Morgand et Fatout*, n° 2220), mais le gobelet et la bouteille ont été ajoutés par le libraire parisien.

Les *Regrets* sont précédés d'un huitain : « Aux Lecteurs » ; ils se composent de 24 huitains et d'une ballade dont le refrain est : « Le pauvre monde n'a plus croix » c'est-à-dire n'a plus d'argent, puis de deux dizains et d'un huitain (voir le *Recueil des poésies françaises du XIVᵉ et du XVᵉ siècles*, édité par M. Anatole de Montaiglon, t. VII, p. 75-90).

Notre édition est restée inconnue à l'auteur du *Manuel du Libraire*.

Comment Sathan et le dieu Bacchus accusent les taverniers qui brouillent le vin usant de faulses mesures. Sans lieu ni date, mais *Lyon, Jacques Moderne*, vers 1540, pet. in-8° goth. 4 fts.

Un bois représente deux diables portant des coups de fourche à quelques taverniers entassés dans un tonneau.

Cette plaquette, inconnue à tous les bibliographes, est empruntée quant à l'idée à la *Diablerie* d'Eloy d'Amerval dont le chapitre CX du livre II est intitulé : *Comme Sathan punit les taverniers qui brouillent le vin nouveau;* les mots *le dieu Bacchus* sont une interpolation ; notre petit poème ne ressemble que par le titre au morceau de d'Amerval ; il se compose de 112 vers. Voici les quatre premiers :

> « *Brouilleurs de vin qui sans compas*
> « *Servez à boire à tous repas*
> « *Vins inventez aux bons pions*
> « *Du dieu Bacchus les champions.*

Il existe sur le même sujet deux autres pièces qui ne doivent pas être confondues avec celle que nous venons de décrire : *La Plainte du commun contre les boulangers et les taverniers brouilleurs de vin* et la *Complainte du commun peuple à l'encontre des boulangers qui font du petit pain et des taverniers qui brouillent le vin.*

Ces deux pièces ont été insérées dans le recueil des *Anciennes poésies françoises.*

Les Moyens de euiter melancolye. Soi conduyre et enrichir en tous estatz par l'ordonnance de Raison composé nouuellement par Dandouville. Ce sera que sera. Sans lieu ni date *(Lyon, Jacques Moderne,* vers 1540), pet. in-8 goth. 24 fts.

Jacques d'Adonville et non d'Andouville était né à Epernon d'une famille noble. Il alla faire ses études à Paris, mais il s'y livra à la dissipation et à la débauche. On présume qu'il s'enrôla dans la troupe des « Enfants sans soucy » et passa avec eux en Italie. Vers 1525, il renonça à ce genre de vie et se fit prêtre. Ce fut alors qu'il composa ses œuvres pieuses destinées à faire oublier ses désordres (voir *Poésies françoises du XVe et du XVIe siècles*, XII, 328).

La plus importante des œuvres d'Adonville est la mise en vers d'une composition morale de Robert de Balzac : *Le Chemin de lospital*. Le poème parut vers 1525 sous le titre : *Les Regrets et peines des maladvisez;* il est divisé en cent strophes dont chacune contient une paraphrase très fidèle d'un passage du texte en prose, et il se termine par une ballade dans laquelle on trouve le seul renseignement biographique que nous possédions sur l'auteur. Quelques années plus tard, D'Adonville refit son poème, strophe par strophe, et l'intitula : *Moyens d'éviter mélencolye*. Cette dernière version a un caractère moins personnel. C'est ce qui la fait considérer comme la seconde, tandis que dans les *Regrets*, le poète se met lui-même en scène, et que chaque strophe lui offre l'occasion de revenir sur son passé. Dans l'autre, au contraire, les remontrances qu'il place dans la bouche de Raison sont plus générales et s'adressent à la foule des pêcheurs. Cette différence semble bien indiquer que les *Regrets* sont antérieurs aux *Moyens*.

L'édition que nous citons diffère de celle qui a été reproduite dans le *Recueil des poésies fran-*

çoises (II, 12-76); on n'y trouve ni l'extrait du privilège, ni la strophe finale dans laquelle l'auteur se plaint « d'aulcuns envieux qui lui ont frustré » l'intitulation du présent livre »; par contre le texte du poème est plus complet.

―――――――――

Il a paru récemment à Londres, sous le titre de *Bibliotheca arcana*, un catalogue de livres condamnés ou supprimés. Le *Livre* (livraison du 10 octobre) en a rendu un compte peu favorable. C'est un assemblage de notes réunies sans critique; les omissions sont nombreuses; les erreurs ne sont pas rares. C'est regrettable, car il y a là une portion de la science des livres qui n'a pas encore été abordée avec le soin et les développements qu'elle réclame. Un bibliographe, M. Fernand Drujon a publié un excellent Catalogue (Paris, Rouveyre, gr. in-8º xxxv et 481 pages), mais ce travail ne concerne que les livres français objets des poursuites judiciaires depuis le 21 octobre 1841 jusqu'au 31 juillet 1877. Le *Dictionnaire* de Gabriel Peignot (Paris, 1866, 3 vol. in-8º) embrassait les ouvrages publiés depuis le commencement du xvie siècle en divers pays; le plan était bon, mais des lacunes très nombreuses se montrent dans l'œuvre du bibliographe dijonnais. Il est devenu très arriéré et il reste fort au-dessous de l'état actuel de la science (voir entre autres ce qui concerne Giordano Bruno, Michel Servet et Vanini).

C'est un livre à refaire de fond en comble.

Un *Index expurgatorius* avait commencé à paraître à Londres, il y a quelques années. Il ne s'occupait que des livres anglais et il était le résultat de recherches consciencieuses, malheureusement il s'est arrêté en route. Les quatre fascicules qui ont vu le jour ne dépassent pas la fin du XVIIIe siècle.

Nous ne possédons encore que le premier volume d'un travail fort étendu entrepris par un infatigable bibliographe que nous avons cité tout à l'heure, à l'égard des *Livres à clefs* (1) (in-8°, 480 colonnes, librairie Rouveyre). Le premier livre signalé est l'*Abbé à sa toilette*, 1707; le dernier : *Les Hommes du second empire*, 1873.

Chaque livre à clef amène des explications souvent piquantes, toujours instructives. On ne saurait analyser un pareil travail, fruit des recherches les plus persévérantes. Nous signalerons seulement au point de vue de leur étendue quelques-uns des ouvrages mentionnés dans les premières pages du volume : *Ali le Renard*, *Almanach du Diable*, *Amours de Zeokinisul* (Louis XV), *Argenis*,

----

(1) Les bibliophiles qui lisent avec plaisir et profit le *Livre, revue mensuelle* (librairie Quantin) savent apprécier les articles signés *Phil. min.* (Philomneste minimus), pseudonyme trop modeste sous lequel a voulu se cacher M. Fernand Drujon.

Atlantis, *Aventures de Floride*, *Aventures de Pomponius*.

Dans un de ces articles ingénieux, dont il enrichissait le *Bulletin du Bibliophile* édité par le libraire Techener et alors à ses débuts, Charles Nodier consacra quelques pages à divers livres satiriques et à leur *clef;* il indiqua tout l'attrait que présentaient les recherches de ce genre, mais il a fallu attendre un demi-siècle pour que l'esquisse tracée par l'aimable auteur des *Mélanges extraits d'une petite bibliothèque* devint un tableau achevé.

Un éditeur parisien, intelligent et actif, auquel nous devons diverses publications intéressantes relatives à la science des livres, M. Rouveyre met au jour sous le titre de *Guide du Libraire antiquaire et du bibliophile*, un catalogue raisonné de livres parus au xviie et au xviiie siècles, souvent aussi à notre époque. Des renseignements curieux, l'indication des prix payés dans les ventes publiques se présentent à l'égard de chaque ouvrage; ils donnent un prix réel à un travail qui paraît avoir été fait avec amour et que tout bibliophile lira avec plaisir et avec profit. Ce catalogue paraît par fascicule; le premier volume est terminé; le second est en train de publication. Les livres sont enregistrés à mesure, ce semble, qu'ils se sont montrés aux regards de l'auteur du *Guide*, mais un index indispensable rend les recherches faciles.

La librairie Tweitmeyer à Leipzig a entrepris la publication d'un travail fort utile dû à M. Émile Ebering : *Bibliographischer Anzriger fur romanische sprucher und literaturum.*

L'étude des langues romanes, fort négligée, a pris depuis un demi-siècle environ un développement des plus considérables. De laborieux érudits s'y consacrent avec ardeur; les publications se multiplient dans les divers pays de l'Europe; des revues, parmi lesquelles il faut surtout signaler la *Romania*, dirigée par MM. Gaston Paris et Paul Meyer, offrent des ressources précieuses.

Un inventaire méthodique et raisonné de ces richesses était devenu indispensable. M. Ebering s'est courageusement mis à l'œuvre; il a bien mérité de la science. Toutes les personnes qui se sont occupées un peu sérieusement de travaux bibliographiques savent quelle étendue il faut donner aux investigations et de quelle patience persévérante il faut être doué.

———————

Le second volume de : *Voltaire, Bibliographie de ses œuvres*, par M. Georges Bengesco (Paris, E. Perrin), a paru cette année (in-8°, xvii et 438 pages, plus 10 pages pour les tables). Il ne s'occupe que des *Mélanges*, portion fort étendue et fort variée des œuvres du philosophe de Ferney. De 1714 à 1778, il n'a pas publié moins de trois-cent-cinquante écrits en prose. Un troisième volume comprendra ce qui concerne la *Correspondance*, les *Œuvres complètes*, les *Œuvres choisies* et les écrits attribués à tort à Voltaire.

Le travail de M. Bengesco est une œuvre de patience persévérante et d'un dévouement absolu à la bibliographie. On ne saurait trop désirer que chacun de nos grands classiques soit l'objet de recherches aussi consciencieuses (1).

On se fera une idée du zèle avec lequel M. Bengesco a accompli la tâche qu'il s'est imposée en songeant que pour les morceaux dont Voltaire est l'auteur et qui ont paru dans les feuilles périodiques ou dans les recueils du temps. Il s'est efforcé de reconstituer leur état civil, en indiquant où ils ont paru pour la première fois, en quelle année ils ont donné lieu et les jugements dont ils ont été l'objet.

Un assez grand nombre de recueils édités par Voltaire avaient été jusqu'ici décrits d'une façon très imparfaite. Des recherches spéciales ont permis à M. Bengesco de donner à cette matière un développement dont il est juste de lui savoir le meilleur gré.

(1) M. Paul Lacroix, dans sa *Bibliographie moliéresque*, n'a rien laissé à désirer à l'égard de l'immortel auteur du *Misanthrope*. Nous croyons qu'il méditait des travaux semblables pour Rabelais et pour La Fontaine ; la mort est venue briser entre ses doigts sa plume infatigable. M. Emile Picot a mis au jour une *Bibliographie cornélienne* qui est, dans son genre, un vrai chef-d'œuvre. Le docteur J. F. Payen a publié, il y a longues années, un essai bibliographique relatif à son auteur favori, Montaigne ; c'est la base sérieuse d'un travail à reprendre et à compléter. Pascal, Bossuet, Fénelon, Montesquieu, d'autres encore attendent des chercheurs qui marchent sur les traces de Paul Lacroix et de M. Picot.

La Bibliographie des *Mélanges* est accompagnée de celle des ouvrages que Voltaire a édités et annotés.

Un bibliographe fort instruit, M. Maurice Tourneux a rendu compte de ce second volume dans un périodique justement autorisé (*Revue critique d'histoire et de littérature*, 6 octobre 1885). Cette même revue avait consacré un article au premier volume lequel a obtenu de l'Académie française une couronne parfaitement méritée.

Un portrait de Beuchot, un des plus zélés éditeurs de Voltaire, figure en tête du volume que nous signalons.

La correspondance de Voltaire est susceptible de recevoir des additions qui ne seraient pas dépourvues d'intérêt, si l'on consultait les nombreux catalogues de vente d'autographes qui joignent souvent des extraits aux pièces enregistrées.

Nous nous bornerons à signaler ce que présente en ce genre un volume peu commun en France : *Catalogue of the manuscript Library of the late Dawson Turner* (London, 1859, grand in-8°, xix et 358 pages). On y trouve, p. 219, le fac-similé d'une lettre signée V (en huit lignes); elle fait partie d'un dossier de 123 lettres, dont 77 de la main de Voltaire, les autres écrites par son secrétaire Wagnière, et elles concernent le célèbre procès de Jean Calas.

Il faut attribuer une très sérieuse importance aux traductions en langues étrangères des écrits d'un auteur célébre; on se rend ainsi un compte exact de l'influence qu'il a exercée hors de son pays. Nous avons donc lieu d'attendre de M. Bengesco un travail aussi complet que possible sur les traductions des divers écrits de Voltaire.

Signalons à cet égard, une erreur qui s'est glissée dans le *Manuel du Libraire* et il est bien rare d'en trouver dans cet excellent ouvrage (1).

Il indique (tome V, 1362), une traduction anglaise de la *Pucelle*, et il ajoute qu'elle n'était point destinée au commerce, qu'elle était l'œuvre de lady Charleville et qu'après la distribution de quelques exemplaires, les autres furent détruits par les soins de la famille. « Ce livre est donc » doublement remarquable comme l'œuvre d'une » femme et comme rareté typographique ».

De fait, il y a là une supercherie. Ce fut le mari de lady Charleville qui se permit de mettre sous le nom de sa femme, la version qu'il avait faite de l'œuvre de Voltaire. Elle fut très mécontente et exigea la suppression de l'œuvre peu édifiante. L'*Edinburgh Review* a eu l'occasion de parler de cette circonstance. Voir aussi Lowndes, *Bibliographer's Manual*, p. 2792, qui indique aussi des traductions de divers écrits de Voltaire.

---

(1) En voici une qui n'est d'ailleurs qu'une faute d'impression, mais elle causa un déplaisir extrême à M. Brunet, lorsqu'elle lui fut signalée, trop tard pour pouvoir y remédier. *Bibliothéque des romans grecs, traduits en vers français* (t. I, 932) ; le mot *vers* est de trop.

Les bibliophiles feront le meilleur accueil à un volume de v et 74 pages petit in-8° qui vient de paraître sous le titre de : *Collection Poulet-Malassis. Bibliographie raisonnée et anecdotique des livres publiés par Auguste Poulet-Malassis. 1853-1862* (librairie Rouquette); il n'a été tiré qu'à 100 exemplaires numérotés et l'auteur a jugé à propos de garder l'anonyme.

Deux publications ont fait connaître Auguste Poulet-Malassis au double point de vue du bibliographe et de l'homme; il restait à l'envisager comme éditeur. On sait qu'après avoir débuté à Alençon, où résidait sa famille, il se transporta à Paris. Pendant plusieurs années, il obtint de brillants succès. Les écrivains les plus en renom de l'époque se firent un honneur d'être édités par ses soins : Baudelaire, Théodore de Banville, Théophile Gautier, Monselet et bien d'autres furent ses clients et ses amis.

Survinrent ensuite les jours de la décadence. Poulet-Malassis quitta la France où il ne revint que quelques années plus tard; la mort ne tarda pas à le frapper.

La *Bibliographie* que nous avons sous les yeux garde un silence prudent sur des publications faites à Bruxelles et auxquelles Poulet-Malassis a, dit-on, participé. Elle ne s'occupe que des éditions françaises, et le nombre en est considérable. Elle les décrit avec le plus grand soin, et, sur la plupart d'entre elles, elle fait connaître des détails intéressants. Il est fort bien qu'ils aient été recueillis lorsqu'il en était encore temps.

Un bibliophile des plus fervents, M. Quentin-Bauchard avait formé une collection peu nombreuse mais composée de livres d'élite et d'un prix fort élevé; ils furent pour la plupart achetés par le libraire Auguste Fontaine. Ces livres avaient été signalés dans un petit volume : *Mes livres* (1).

Depuis il a publié un autre mince volume petit in-8° de 94 pages, intitulé : *Mes Estampes* (librairie Morgand), dans lequel il donne des détails circonstanciés sur divers ouvrages à figures dont il est possesseur. On distinguera l'*Orlando furioso* publié par Molini en 1785; *Olivier*, poème, par Cazotte, Didot, 1798; les *Lettres à Émilie* et les *Œuvres* de Gessner, éditions de Renouard; le *Précis de la Révolution française*, 1792; les *Liaisons dangereuses*, 1796, etc.

On a le droit d'espérer que l'année 1886 verra paraître quelques publications bibliographiques d'une importance réelle. M. Morgand annonce la

---

(1) Paris, 1864, pet. in-12. Cette collection de 142 ouvrages a été vendue par son propriétaire 149,100 francs. Le libraire Fontaine acquit pour 100,000 fr. environ 60 articles. On remarquait entre autres : l'*Adolescence Clémentine* de 1532, 6000 fr.; *Daphnis et Chloé* (exemplaire de Madame de Pompadour), 3500 fr. Les *Œuvres de Louise Labbé*, 1555, 15,000 fr. reliure en mosaïque, chef-d'œuvre de Trautz-Bauzonnet. Voir le catalogue Fontaine de 1875, p. 551, n° 2461.

publication du catalogue de la bibliothèque de
MM. Eugène et Auguste Dutuit digne, peut-être,
de rivaliser avec celle du baron James de Rothschild. « Formée depuis quarante ans avec un goût
» et un discernement exquis, elle a pour base
» une collection de reliures des plus riches et de
» provenance célèbre dont on trouvera la repro-
» duction par la photochromotypographie ».

M. Quentin-Bauchard, dont nous avons déjà
parlé, annonce un travail spécial sur les *Femmes
bibliophiles* des xvi⁰, xvii⁰ et xviii⁰ siècles : Diane de
Poitiers, Marguerite de Valois, la comtesse de
Verrue, Madame de Pompadour, etc. Il y a là
matière à un charmant volume. Ce sujet avait été
à peine effleuré, et non sans de graves erreurs, par
M. Jean Gay, dans un livret publié à Bruxelles
en 1882.

Nous ne croyons pas qu'il ait jamais existé
un bibliophile plus dévoué et plus persévérant
qu'Edouard Tricotel, mort en 1878. Il avait réuni
une collection bien choisie de livres curieux, et
difficiles à rencontrer. Sa fortune ne lui permettait
pas de disputer dans les ventes publiques ces volumes d'une rareté connue, d'une beauté exceptionnelle, que d'opulents amateurs se font adjuger,
mais il s'en dédommageait en recherchant dans les
collections publiques ou particulières, les livres

rares et peu communs. Il les examinait avec le
plus grand soin ; il les décrivait minutieusement ;
il en faisait des extraits souvent d'une grande étendue ; il transcrivait parfois d'un bout à l'autre, des
plaquettes devenues presque introuvables ; il consacrait à ce travail incessant tous les loisirs que lui
laissaient des fonctions judiciaires peu assujettis-
santes.

Il avait consigné les résultats de ses recherches
dans plusieurs manuscrits. L'un d'eux, dans le genre
de la bibliographie spéciale publiée à Bruxelles
sous le nom supposé du comte d'I***, a passé dans
la collection d'un bibliophile anglais. Un autre manuscrit est resté en France ; il forme une quinzaine
de gros cahiers d'une écriture fort nette et fort
menue.

Tricotel y avait enregistré une foule de livres
anciens et modernes, à mesure qu'ils passaient sous
ses yeux, réservant pour une autre fois le soin de
classer ses notes multiples. Il y a un grand choix
à faire dans ces papiers, mais on peut sans peine
y trouver les matériaux d'un ou deux volumes
remplis de choses nouvelles et qui serviront surtout
à compléter la *Bibliothèque poétique* de Viollet
le Duc, car c'était vers les poètes français du XVIe
et du XVIIe siècles que Tricotel avait dirigé toutes
ses préférences. L'histoire littéraire depuis François Ier jusqu'à la majorité de Louis XIV lui était
parfaitement connue ; les amis de l'histoire littéraire de cette époque tiennent, avec raison, en

haute estime les notices que Tricotel a disséminées
dans divers recueils, entre autres dans le *Bulletin
du bibliophile.*

Parmi les principales publications bibliographiques mises au jour depuis une vingtaine d'années,
il faut placer les nouvelles éditions du *Dictionnaire
des Anonymes* de Barbier et des *Supercheries littéraires* de Quérard (1).

Le *Dictionnaire* avait eu deux éditions: l'une en
1806, l'autre en 1825. La troisième, revue par
M. Olivier Barbier et par MM. René et Paul Bil-
lard, tous trois décédés, a paru de 1872 à 1874. Les
ouvrages de ce genre réclament impérieusement
d'être complétés; chaque année en s'écoulant ap-
porte des matériaux nouveaux. C'est ce que divers
amis des livres ont compris. Des notes s'accumu-
lent afin de continuer le *Dictionnaire des Anonymes*, et on espère que l'impression de cette œuvré
dont l'utilité est incontestable pourra commencer
en 1886.

Les *Supercheries dévoilées*, par Quérard, réclament un complément. La seconde édition de 1868
et années suivantes, revue par M. P. Janet et G.
Brunet a reçu d'amples développements. On peut
adresser quelques reproches au travail de Quérard;
il lui arrive parfois de donner à certains articles

(1) Ces deux ouvrages publiés par la maison Paul Daffis, se trouvent aujourd'hui à la librairie Féchoz, rue des Saint-Pères.

une ampleur exagérée (voir *Alexandre Dumas*,
Lamennais, *Naundorf*, *Vintras*), mais son livre
n'en reste pas moins une œuvre fort instructive.

Il est également question d'une publication qui
serait sans doute accueillie avec empressement par
toutes les personnes qui vendent ou achètent des
livres. La cinquième et dernière édition de l'œuvre
à laquelle M. J. Ch. Brunet avait voué sa vie, s'est
terminée en 1866. Depuis, la maison Didot a publié
un *Supplément* rédigé par MM. P. Deschamps et
G. Brunet, qui forme deux forts volumes, mais ce
Supplément réclame aujourd'hui de nombreuses et
importantes additions. Espérons qu'elles verront le
jour dans un avenir qu'il serait aujourd'hui impossible de déterminer.

Les diverses publications périodiques consacrées
à la bibliographie méritent un examen spécial. Nous
nous bornerons à en signaler une qui mérite d'être
connue et qui est peu répandue en France : nous
voulons parler du *Book-Lore* qui paraît mensuel-
lement à Londres depuis quelques années. Nous y
trouvons (1885, p. 205) une notice intéressante
relative aux travaux d'un des plus infatigables
explorateurs de la philosophie de la Grèce antique,
Thomas Taylor, surnommé le *Platonist*, né à
Londres en 1758, mort en 1835, à l'âge de 77 ans.
Il conçut le vaste projet de faire passer dans la
langue anglaise les œuvres complètes d'Aristote,
œuvre colossale qu'a, de son côté, entreprise avec

une courageuse énergie, un des érudits français
les plus éminents, M. Barthélemy Saint-Hilaire.
Taylor joignit à sa traduction un ample choix de
notes empruntées aux anciens commentateurs
grecs d'Aristote (Alexandre d'Aphrodisée, Syria-
nus, Ammonius, Olympiodore, Simplicius). Il fit
imprimer à ses frais ce travail qui ne comprend
pas moins de neuf volumes grand in-4°, publiés de
1806 à 1812; il n'en fut tiré que cinquante exemplaires et le prix était de 47 livres sterling 5
shillings (1200 fr. environ). Nous sommes forcés
de convenir qu'il s'en vendit fort peu : après la
mort de Taylor, les exemplaires qui lui restaient
furent acquis à vil prix par un libraire qui les mit
sur son catalogue au prix de 5 livres sterling 5
shillings.

Le tome premier contient l'*Organon*, le tome VI
l'*Histoire des animaux*. Avant M. Barthélemy
Saint-Hilaire, un bibliographe français, égaré un
moment dans le mouvement politique du temps,
Camus, avait donné en deux volumes in-4°, une
traduction de cette œuvre importante, mais, selon
la *Biographie universelle*, il ne savait ni assez de
grec, ni assez d'histoire naturelle pour accomplir
d'une façon satisfaisante l'entreprise qu'il s'était
imposée.

Avant de s'occuper d'Aristote, Taylor avait dirigé
ses regards du côté de Platon. Dès 1792, il avait
fait paraître une traduction de *Phèdre;* elle fut
accompagnée l'année suivante par celle de divers

autres dialogues *(Cratile, Phedon, Timée)*. En
1804, cinq volumes in-4º virent le jour; ils conte-
naient cinquante-cinq dialogues et deux épîtres,
avec des notes nombreuses. Un opulent patricien,
le duc de Norfolk, qui portait un vif intérêt aux
travaux de Taylor, fit les frais de l'impression,
mais il ne songea guère à mettre l'ouvrage à la
disposition du public. Pendant quarante-quatre
ans, l'édition entière resta ensevelie dans le château
du duc.

L'étude de la philosophie grecque avait inspiré
à Taylor des opinions peu orthodoxes. Il en donna
une preuve en faisant imprimer en 1809 : *Julian
the Emperor; his argumento againot the Chris-
tians*. C'était la traduction des fragments grecs
conservés par Saint-Cyrille d'Alexandrie; elle
n'était pas destinée au commerce et elle fut imprimée aux frais de M. Meredith, négociant retiré des
affaires et ami de Taylor. Il jugea ensuite cette
publication intempestive; l'édition fut livrée aux
flammes et on prétend qu'un seul exemplaire
échappa à la destruction.

Revenant plus tard sur le même sujet, Taylor
publia en 1830 les *Arguments de Celse et de Por-
phyre contre le christianisme*, avec le *Discours de
Libanius en faveur des temples des payens*.

*Dissertation sur les mystères d'Eleusis et de
Bacchus*. Amsterdam, sans date, mais 1790 ou
1791, travail curieux et digne de l'attention des
érudits; il a été réimprimé.

Jamblique. Sur les Mystères des Égyptiens et des Chaldéens. 1821.

Jamblique. Vie de Pythagore, accompagnée de fragments de divers écrivains de son école (1). On y trouve des sentences pythagoriciennes extraites du *Florilegium* de Stobée et de quelques autres écrivains et que Thomas Gale n'a pas comprises dans ses *Opuscula mythologica.* Cantabrigiæ, 1671. C'est un des plus rares des écrits de Taylor.

Apulée. Les Métamorphoses, ou l'Ane d'or et les Œuvres philosophiques d'Apulée, traduites du latin. Londres, 1822. A la fin de quelques exemplaires, on trouve cinq pages contenant des passages retranchés.

La Fable de Cupidon et de Psyché, traduite du latin d'Apulée, avec une introduction explicative du sens de cette fable. Londres, 1795.

Dissertations de Maxime de Tyr, traduites du grec. London, 1804.

Ocellus Lucanus. De la nature de l'univers, avec quelques écrits de Taurus, le Pythagoricien, de Julius Firmicus, Maternus, et des théorèmes de Proclus sur la perpétuité du temps. London, 1831.

Les Institutions mystiques d'Orphée, hymnes traduites du grec, avec une dissertation préliminaire sur la vie et la théologie d'Orphée. London, 1792. Il existe des exemplaires avec un nouveau frontispice et la date de 1792. Cet ouvrage a été

(1) Consulter l'ouvrage de M. E. Chaignet couronné par l'Académie française : *Pythagore et la philosophie* (Paris, 1877).

réimprimé en 1824 avec des additions considérables et une dissertation sur les initiations en usage
aux mystères d'Eleusis. Inutile de faire observer
que les prétendues poésies d'Orphée ont été compo-
sées par des Platoniciens de l'école d'Alexandrie au
second ou au troisième siècle de l'ère chrétienne.

*Plotin. Sur le Beau, fragment du Livre VI de
la première Ennéade*, traduit du grec. Londres,
1787. Petit volume in-12 de 47 pages devenu fort
rare.

*Fragments politiques d'Archytas, de Charondas,
de Zaleucus et d'autres philosophes pythagoriciens,
et fragments moraux d'Hierocles*, le célèbre com-
mentateur des *Vers dorés*, de Pythagore.

Arithmétique théorique, trois livres, contenant
la substance de ce que Théon, Nicomaque, Jamblique, et Boèce ont écrit sur ce sujet, avec une
dissertation sur l'arithmétique mystique et théolo-
gique des Pythagoriciens. London, 1816.

Mélanges (Miscellaniés) *en prose et en vers*,
contenant le triomphe du sage sur la fortune selon
la doctrine des Stoïciens et des Platoniciens avec
le *Credo* des Platoniciens. London, 1815; seconde
édition, 1822.

Tels sont les principaux ouvrages de Taylor. Ils
méritent l'attention la plus sérieuse de la part des
savants qui s'occupent de la philosophie ancienne,
mais fort peu répandus en Angleterre, ils paraissent
avoir été à peine connus en France et en Alle-
magne. A peine le *Manuel du Libraire* fait-il une

brève mention de quelques-uns d'entre eux;
Lowndes en parle avec détail dans son *Bibliographer's Manual*, p. 2598.

Les Prognostications et les almanachs soi-disant
prophétiques furent très en vogue au commencement du seizième siècle. Rabelais leur infligea les
coups redoutables de sa mordante satire. La plupart de ces tentatives de divination ont pour base
des calculs astrologiques. Le plus ingénieux des
bibliophiles français, Charles Nodier, se plut à
rechercher « par quelles heureuses rencontres les
» aberrations les plus absurdes de l'intelligence
» humaine ont pu se rapprocher quelquefois de la
» vérité ». On peut signaler en ce genre le *Mira-
bilis liber* plusieurs fois réimprimé vers 1510 à
1520 et qui renferme des prédictions assez spé-
cieuses sur les tribulations de l'Eglise catholique,
prédictions qui furent remarquées à l'époque de la
Révolution. On doit aussi une mention spéciale à
la *Prognostication* de Jean Lichtenberger, 1528.
Il annonce l'arrivée d'un aigle venant de l'Orient,
*in adjutorium filii hominis, tune castra destrurat;
timor magnus erit in mundo. Perdet Lilium coro-
nam quam accipiet Aquila.*

Nodier ajoute (et nous aimons à le citer) : « Il
» n'y a rien de plus facile à comprendre que le
» goût de tous les peuples pour les livres prophéti-
« ques. Cette manie est le résultat tout naturel des

» plus naturels de nos penchants, l'amour du mer-
» veilleux et la curiosité. Il y a peu de genres de
» charlatanisme qui aient été plus souvent et plus
» grossièrement exploité ».

Vers la fin du dix-septième siècle et au commencement du dix-huitième, la vogue des prédictions
et des almanachs mensongers et fantastiques *(sham-
almanaks)*, se déclara en Angleterre avec une
intensité remarquable. Elle provoqua de la part de
Swift un de ces pamphlets où débordait sa mordante ironie : *Prédictions pour l'an 1708 annonçant les grands évènements de l'année précédente.*

L'auteur de *Gulliver* prend la défense de l'astrologie. Il se plaint qu'un art aussi noble soit desho-
noré par des imposteurs ignorants qui livrent au
public un tas de sottises et de mensonges. « Je n'en
» dirai pas davantage pour le moment (ajoute
» Swift); j'ai l'intention de publier prochainement
» une ample et rationnelle apologie de cette science.
» J'ajouterai seulement que, pendant tous les
» siècles, elle a attiré l'attention d'une foule
» d'hommes éminents ».

Le célèbre *humourist* se met ensuite à prédire,
d'après ses calculs, par les divers jours de chaque
mois, des batailles, des révoltes, des tempêtes, des
morts de grands personnages. « Le 18 mai, on
» recevra la nouvelle d'un évènement surprenant
» et des plus inattendus ».

Chassée de l'Europe, l'astrologie s'est réfugiée
en Asie. Nous en avons la preuve dans un alma-

nach fort répandu dans l'Inde anglaise et que
rédige un habitant de Bombay, nommé Bulwan-
trac Venayak. On y trouve l'indication des jours
heureux et malheureux; un mariage ne peut être
célébré que lorsque se produisent certaines conjonctions des planètes. En étudiant les signes du
zodiaque, un hindou, en les comparant à la posi-
tion de la lune à l'époque de sa naissance, peut
connaître à l'avance quelle sera sa destinée.
Remarquons en passant que cette croyance se
retrouve chez des écrivains romains :

« O trop heureux l'enfant qui naît sous la Balance!
« Craignons de son voisin la fatale influence ».

Il y a des conjonctions de planètes qui sont
favorables aux voleurs et aux imposteurs. Cet
almanach hindou (et nous regrettons de ne pouvoir en parler plus en détail) jette un jour très
curieux sur les usages et les croyances populaires
des populations indiennes, encore fort imparfai-
tement connues.

———

Le *Book-Lore* consacre des articles à divers
bibliophiles célèbres, entre autres au cardinal
Mazarin. On lira avec intérêt les détails dans les-
quels il entre au sujet de l'*Althorp Library*, c'est-
à-dire à la fameuse *Bibliotheca Spenseriana*, la plus
belle collection de livres précieux qu'ait jamais
formée un particulier.

Un homme d'état, le comte Georges John

Spenser, créa cette bibliothèque que ses descendants ont précieusement conservée et qui est placée dans le château d'Althorp. On sait qu'un zélé bibliographe, Dibdin, a publié de 1814 à 1819, en 6 volumes grand in-8°, le catalogue raisonné des ouvrages les plus importants qu'elle renferme. Renouard écrit à cet égard : « Luxe de » prince pour la bibliothèque; luxe non moins » extraordinaire pour le catalogue; les *fac-simile* » sont d'une exactitude et d'une exécution admi- » rables; les drescriptions du matériel des livres » peuvent être consultées avec confiance; ce bril- » lant catalogue restera toujours un des objets les » plus dignes de toute l'attention d'un véritable » connaisseur ».

Les Anglais recherchent avec ardeur les livres imprimés par William Caxton, le plus ancien de tous les typographes qui aient exercé dans la Grande-Bretagne. Il fut à la fois auteur, traducteur, imprimeur; son activité était des plus remarquables. M. W. Blades, auteur de l'excellent travail intitulé : *W. Caxton* (seconde édition. London, 1882, in-8°, xii et 387 pages), énumère quatre-vingt dix-neuf ouvrages sortis de ses presses. Le Musée Britannique en possède soixante-neuf dont vingt-neuf sont des doubles; il ne vient sous ce rapport qu'après l'*Althorp Library* qui renferme cinquante-sept Caxtons différents. Trente-un sont des exemplaires parfaits (circonstance très rare); trois sont regardés comme les seuls exemplaires, et on ne connaît que deux autres exemplaires des *Moral Proverbs of Christine.*

Les productions des successeurs et des élèves de Caxton, devenues d'une extrême rareté, abondent dans la *Library* dont nous parlons. Le *Book-Lore* énumère également une foule de livres précieux; nous y relevons sans choisir *Biblia latina* (Mayence, 1462, et Strasbourg, 1460); la première édition de la Vulgate, Rome, 1471; la Bible en italien, Venise, 1471; la Bible imprimée à Paris en 1476, au collège de la Sorbonne; *Biblia latina* (Pagani, Lyon, 1527), la première traduction moderne de la Bible, d'après le texte hébreu et la première où les versets sont numérotés.

Citons encore le Psautier, imprimé à Milan, 1481, en grec (c'est la plus ancienne portion de la Bible qui ait vu le jour en cette langue); l'édition originale du Pentateuque en hébreu (Bologne, 1482); le Psautier édité en cinq langues par Giustiniani (Gênes, 1516), exemplaire sur vélin.

Très nombreuses éditions aldines, parmi lesquelles les *Horæ beatæ Virginis*, 1497, d'une rareté excessive. De nombreux volumes ayant appartenu à des hommes célèbres à plus d'un titre; quelques beaux livres aux insignes de Grolier ou aux armes du président de Thou.

Arrêtons-nous ici; nous voudrions pouvoir consacrer un volume entier : l'*Althorp Library*.

APPENDICE

Comme témoignage de la valeur qui s'attache de nos jours aux livres d'une rareté incontestable ou d'une beauté exceptionnelle, nous pourrions citer un catalogue de la librairie Morgand que nous avons sous les yeux. Nous y voyons:

Coutumes du duché, bailliage et prevosté d'Orléans. 1513, in-4°, exemplaire sur vélin, riche reliure ancienne. 4000 fr.

Les Métamorphoses d'Ovide. 1767-1771. 4 vol. in-4°, reliure de Padeloup. 4000 fr.

Maistre Pierre Pathelin. Paris, 1533, in-16, riche rel. de Trautz-Bauzonnet. 3000 fr.

Suite de 100 vignettes, et de 4 frontispices pour les *Chansons* de Laborde. 8000 fr.

Contes de La Fontaine. Paris, 1645 et 1646 (pour 1666). 3500 fr. Edition originale des deux premières parties de ces Contes. Elle est d'une rareté extrême; un exemplaire a été payé 4500 fr. à la vente Rochebilière. Elle parut avec privilège du

Roy, mais peu après, les gais récits du bon La Fontaine donnèrent lieu à des poursuites.

Rabelais. Les éditions originales publiées du vivant de maistre François des cinq livres de Gargantua et de Pantagruel, et les Songes drôlatiques. 60,000 fr.

Au moment où on allait achever l'impression de notre petit volume, nous avons connaissance des prix de la vente du Comte de Chabrol-Cruzol, le doyen de la Société des bibliophiles français. Cette collection, très choisie, était dépourvue de ces livres qui provoquent des folies. Mentionnons quelques adjudications :

La Bible, traduction de Le Maistre de Sacy. rel. ancienne. 645 fr.

L'Apocalypse. *Paris*, 1689, aux armes du duc de Montausier et de sa femme, Julie d'Angennes. 840 fr. (On rencontre rarement des volumes ornés de ce blason).

Pensées de Pascal. *Paris*, 1683, in-12, rel. ancienne. 455 fr.

Virgilius. *Elzevir*, 1686, in-12, belle rel. ancienne. 600 fr.

Œuvres de Baïf. 1572-73, 2 vol. 225 fr.

Œuvres de Ponthus de Tyard. 1573. in-4°, 299 fr. Exemplaire de Viollet Le Duc.

Œuvres de Rabelais. 1663 (Elzevier), rel. ancienne. 345 fr.

Cervantes. Don Quichotte. *Paris*, *Didot*, an VII, 6 vol. in-12, exemplaire sur vélin, rel. de Bozerian, fig. avant la lettre, 209 fr. C'est probablement celui qui avait été payé 106 fr. à la vente P. Didot; il méritait mieux.

Mélanges publiés par la Société des bibliophiles français. 1826-1834, 7 vol. in-8º. 550 fr. (Voir au *Manuel* le détail de cette collection).

Nicolay (N. de). Les Navigations. *Lyon*, 1567, in-4º, 225 fr. Livre recherché depuis longtemps, voir le *Manuel*. Un exemplaire 225 fr. vente Yemeniz en 1867.

Extraict ou recueil des Isles nouvellement trouvées. *Paris*, *sans date*, mais 1532, rel. de Derome. 450 fr.

Demoustier. Lettres à Emilie. 1809, 6 parties en 3 vol. 225 fr. Les jolies gravures de Moreau donnent du prix à cette édition d'un ouvrage qui eut un grand succès, mais qui est fort délaissé aujourd'hui.

Nous avons laissé de côté bien des livres qui n'ont obtenu que des prix modérés.

SAUVETERRE. — IMPRIMERIE J. CHOLLET